Golf von Neapel

Golf von Neapel

Ein Reiselesebuch

herausgegeben von Andreas Schlüter

Ellert & Richter Verlag

Inhalt

Andreas Schlüter
Neapel – Versuch einer Annäherung

… und was soll ich von Neapel sagen,
wo alles Reiz ist und doch so wenig Genuss.
August von Platen, Tagebücher

Der Golf von Neapel ist die klassischste aller europäischen Kulturlandschaften, und die Literatur über dieses Arkadien der Italiensehnsucht füllt ganze Bibliotheken. Dichtung und Wahrheit, Mythos und Wirklichkeit verschmelzen hier wie nirgendwo sonst. Vor allem im 18. und 19. Jahrhundert versäumte es kaum ein „Grand-Tour-Reisender“, seine Eindrücke in Briefen oder Reisetagebüchern festzuhalten. Bis kurz vor dem Zweiten Weltkrieg waren Neapel und die *Campania felix*, das glückliche Kampanien der Antike, noch vor Rom der Höhepunkt einer jeden Italienreise. So ist der Blick auf diese vielleicht berühmteste aller Reiselandschaften seit jeher ein fremder, was auch die Stereotypen in der Neapel-Rezeption zu erklären vermag. Der Golf von Neapel ist so aufgeladen mit Mythos und Geschichte, dass – heute mehr denn je – eine vorurteilsfreie oder unbefangene Annäherung kaum noch möglich ist. Alles ist tausendfach beschrieben, gezeichnet, gemalt und fotografiert worden. Zudem hat die weltweite Berichterstattung über brennende Müllberge und vor allem Roberto Savianos Enthüllungsbuch über die Camorra in den letzten Jahren ein Neapel-Bild hervorgerufen, das den komplexen Realitäten der Stadt kaum gerecht wird. Die „geheimnisvollste

Stadt Europas", wie Curzio Malaparte Neapel nannte, scheint nicht länger zu existieren. Das einstige Traumziel der Italiensehnsucht ist zu einem europäischen Katastrophengebiet geworden, und in einer deutschen Tageszeitung endete eine Neapel-Reportage gar mit dem apokalyptischen Bild, dass nur noch ein baldiger Vesuvausbruch die vielen Probleme lösen könne. Der Schaden dieser oft einseitigen Berichterstattung ist für Neapel immens. Sämtliche Vorurteile scheinen nicht nur bestätigt, sondern noch übertroffen worden zu sein. Dass in Neapels Altstadt selbst auf dem Höhepunkt des Müllnotstands nie auch nur eine Plastiktüte in Flammen aufging, interessiert niemanden. Dabei gibt es nichts zu beschönigen. Die organisierte Kriminalität operiert in großem Maßstab und dominiert das wirtschaftliche Leben der gesamten Region. Die Müllberge sind zwar verschwunden, die Inbetriebnahme der notwendigen Verbrennungsanlagen ist allerdings noch ein Zukunftsprojekt. Und Roberto Savianos Buch? Der unter Polizeischutz lebende Schriftsteller ist wegen seines Muts und der journalistischen Genauigkeit seiner Recherchen durchaus zu bewundern, doch ist „Gomorrha" keineswegs das literarische Meisterwerk, als welches es in vielen Feuilletons gerühmt wurde. Zudem war ein Großteil der die Welt schockierenden Fakten in Süditalien durchaus bekannt und für jeden Interessierten in Gerichtsarchiven und sogar im Internet einsehbar. Mittlerweile partizipiert sogar die neapolitanische Camorra an dem Erfolg des Buchs und seiner Verfilmung. Raubkopien der DVD sind an jeder Straßenecke zu bekommen.

Soll man überhaupt noch nach Neapel und an den legendären Golf reisen? Die Stadt polarisiert ihre Besucher seit jeher. Man kann ebenso schnell wieder abfahren wollen wie auch den manchmal herben Reizen Neapels umgehend erliegen. Odysseus ließ sich an den Mast seines Schiffes festbinden und verstopfte sich die Ohren mit Wachs, um den gefährlichen Gesängen der Sirenen – darunter Parthenope, die der Stadt ihren ersten Namen gab – nicht zu erliegen. Aber ein einziges Wort kann den nach wie vor vorhandenen Zauber Neapels erklären. „Carità" bedeutet Nächstenliebe, und eben diese Tugend ist hier eine alltägliche Selbstverständlichkeit. So sind die eigentlichen Attraktionen der Sirenenstadt nicht unbedingt ihre Kunstwerke, und es ist auch nicht ihre durchaus faszinierende Geschichte – es sind vielmehr die Neapolitaner selbst mit ihrer verbindlichen Liebenswürdigkeit, ihrer Großzügigkeit, ihrer Anteilnahme und ihrer Kühnheit, auch den widrigsten Lebensumständen Würde, Schönheit und eben „carità" abgewinnen zu wollen. In dieser Stadt kann einem alles passieren – nur verhungern oder vereinsamen ist hier schlichtweg unmöglich. Anlässlich des Besuches Papst Benedikts XVI. im Heiligtum der Rosenkranzmadonna von Pompeji sagte Neapels hoch verehrter Erzbischof Crescenzio Sepe im Oktober 2008: „Kampanien ist ein schwieriges Land. Aber es ist auch das Land der Wunder und der Heiligen." Dem heutigen Besucher mag es allein schon wie ein Wunder vorkommen, dass diese Stadt, die manchmal mehr Zustand als urbaner Lebensraum zu sein scheint, überhaupt funktionieren kann. Aber nur in Neapel ist ein Wunder wie das des Stadtpatrons San Gennaro möglich. Dreimal jährlich verflüssigt sich das Blut des Heiligen; trotz aller Unergründlichkeiten des Geschehens ein vor allem anrührendes Mirakel, das die Stadt seit Jahrhunderten mit religiöser Energie erfüllt.

Die in diesem Band versammelten Texte unterschiedlichster Autoren können das Rätsel Neapel nicht erklären. Bestenfalls können sie den Reisenden sensibilisieren für die Merkwürdigkeiten einer uralten Stadt, deren stürmische Vitalität viele ihrer Besucher bis hin zur Fassungslosigkeit irritiert hat. So beschreibt der in Salerno geborene deutsch-italienische Schriftsteller Humbert Fink in seinem Süditalienbuch plastisch seine Hassliebe zu Neapel. Die „wütende Sehnsucht nach dem verfaulenden Paradies“ teilt er dabei mit vielen Neapolitanern, die trotz aller Abgründe des täglichen Lebens nicht ohne ihre Stadt existieren können.

In einer 2500-jährigen Geschichte erlebte Neapel Transformationen wie wohl kaum eine andere europäische Stadt, wobei als einzige Konstante durch die Jahrtausende hinweg der Hang zu Superlativen in den Beschreibungen festzustellen ist. Diese Stadt war anscheinend irgendwann alles einmal: die Kleinste, die Bewundertste, die Gelehrteste, die Glänzendste; dann plötzlich die Größte, die Volkreichste, die Berühmteste. Mitte des 17. Jahrhunderts gehörte Neapel zusammen mit London und Paris zum Dreigestirn der großen Metropolen Europas. Dazu kam die spektakuläre Lage inmitten einer der schönsten Landschaften der Welt. Da war der Golf mit dem damals noch rauchenden Vesuv, und da waren vor allem die Phlegräischen Felder; die arkadische Vulkanlandschaft rund um Pozzuoli. Kein Reisender der *Grand Tour* versäumte es, die in Vergils „Aeneis“ beschriebenen Stätten zu besuchen. Ehrfurchtsvoll wurden die Orte bestaunt, an denen der Held aus dem vergilschen Vers-Epos zum mythischen Gründervater Roms wurde.

Johann Wolfgang von Goethes Ausflug in die Phlegräischen Felder im März 1787 bewegte den Dichter aber noch aus ganz anderen Gründen. Knapp 50 Jahre zuvor war sein Vater, der kaiserliche Rat Johann Caspar Goethe, durch eben diese Landschaft spaziert. Die später im Haus am Frankfurter Hirschgraben aufbewahrten Souvenirs der väterlichen Italienreise hatten den Sohn für immer mit einer Sehnsucht nach dem Süden infiziert. Es ist dann nur logisch, dass auch August von Goethe auf den Spuren von Großvater und Vater den Golf von Neapel bereiste und im Jahr 1830 ausführliche Briefe nach Weimar schrieb. Die

Reisen der Goethes an den Golf von Neapel sind Literaturgeschichte, aber auch Parameter für die sich von Generation zu Generation verändernde Rezeption dieser klassischen Landschaft. Während Johann Caspar mit wissenschaftlichem Ernst römische Inschriften kopierte und Johann Wolfgang sein persönliches Arkadien suchte, endete mit dem fröhlich von Weinstube zu Weinstube eilenden August von Goethe endgültig die Ära der *Grand Tour*. Friedrich Schiller, der so emphatisch über die Wunder der versunkenen Vesuvstädte Pompeji und Herkulaneum schrieb, war selbst nie am Golf von Neapel gewesen. Es war Johann Wolfgang von Goethe, der seinem Freund den schon 1749 erschienenen Führer „Beschreibung von der wiedergefundenen uhralten Stadt Ercolan" zur Lektüre empfohlen hatte, und es ist sehr wahrscheinlich, dass Goethe auf seiner für die deutsche Italienempfänglichkeit so folgenschweren italienischen Reise eben dieses Buch in seiner Reisebibliothek mit sich führte. Goethes Aufzeichnungen über Paestum, seine anfängliche Irritation über die archaische Wucht der dorischen Tempelruinen (die dann schnell ehrfurchtsvoller Bewunderung wich) ist typisch für die Antikenrezeption des 18. Jahrhunderts.

Der Bremer Literaturprofessor Dieter Richter, einer der profiliertesten Süditalienkenner und mit „Neapel – Biografie einer Stadt" und „Der Vesuv – Geschichte eines Berges" Autor zweier zu Klassikern der Neapelliteratur gewordenen Standardwerke, beschreibt den Golf von Neapel als europäische Reiselandschaft. In der ersten Hälfte des 19. Jahrhunderts wurde der Golf von Neapel zum favorisierten Reiseziel nordeuropäischer Künstler, die unter südlicher Sonne neben Inspiration auch profanere Zerstreuungen suchten. Nicht selten war eine Reise ins vermeintlich sinnenfrohe Süditalien auch eine Flucht vor den kleinbürgerlichen Zumutungen und dem moralischen Reglement der nordischen Heimat.

Der immer unglücklich durch Italien streifende August von Platen machte im Sommer 1827 in Neapel die Bekanntschaft des aus Breslau stammenden Malers und Dichters August Kopisch. Platens Tagebuchaufzeichnungen sind nicht nur Zeugnisse dieser verschwärmten Freundschaft mit nächtlichen Badeausflügen zu neapolitanischen Stränden, sie vermitteln auch den romantischen Zauber, den der Golf von Neapel auf die Reisenden des frühen 19. Jahrhunderts ausübte. Es sind die letzten Jahre, in denen Neapel und der Golf noch ganz und gar dem verklärten Bild eines arkadischen Paradieses entsprachen. Ein Jahr vor seiner Begegnung mit Platen besuchte August Kopisch in Begleitung seines Künstlerfreundes Ernst Fries die zu dieser Zeit noch vollkommen unbeachtet im Golf von Neapel liegende Insel Capri. Die Jahrzehnte der Romantik waren prädestiniert für die Entdeckung geheimnisvoller Naturwunder. Und so „entdeckten" Kopisch und Fries unter Anleitung des capresischen Hoteliers Don Giuseppe Pagano die Blaue Grotte, die in nur wenigen Jahren zu einer Weltberühmtheit werden und den Reiseverkehr am Golf von Neapel für immer verändern sollte. Giuseppe Paganos Hotel wurde schnell zu einem florierenden Unternehmen, in dem vor allem deutsche Künstler – so auch August von Platen und Ferdinand Gregorovius – Quartier nahmen. Die Entdeckung der *Grotta Azzura* markiert, unterstützt von der schnellen Entwicklung der Eisenbahn, den Beginn des modernen Tourismus und der Golf von Neapel wurde zum pauschalisiert erreichbaren Traumziel für jedermann. Den heutigen touristischen Kollaps der schönsten aller Mittelmeerinseln beschreibt mit heiterer Verwunderung der Dramatiker Moritz Rinke. Auch das benachbarte Ischia ähnelt nicht mehr der idyllisch verwunschenen Insel, die der amerikanische Schriftsteller Truman Capote im Jahr 1949 erlebte. In der heute noch existierenden Pension Di Lustro in Forio schrieb Capote an seinem erst vor wenigen Jahren posthum erschienenen Roman „Summer Crossing".

In der zweiten Hälfte des 19. Jahrhunderts verwandelte sich Neapel in eine moderne Großstadt. Die Eingriffe in die Struktur der alten Stadt waren enorm und veränderten das Bild Neapels von Grund auf. Das berühmteste und vielfach besungene Viertel Neapels, Santa Lucia, verschwand zugunsten einer neuen Uferpromenade. Ferdinand Gregorovius beschreibt in seinen „Wanderjahren in Italien" als einer der letzten den verführerischen Charme des alten Fischerviertels. Der Corso Umberto I. wurde als Schneise quer durch die Altstadt geschlagen und trennt seitdem – fatalerweise – den historischen *centro antico* vom Meer. Auf dem Hügel des Posillipo entstanden gründerzeitliche Villen und die Vorortbahn der Circumvesuviana verband Neapel mit fast allen Küstenorten Kampaniens. Die überall entstehenden Luxushotels beherbergten ein illustres Publikum. In ihrer bestechend recherchierten Reportage rekonstruiert Gundula Werger das letzte Treffen zwischen Richard Wagner und Friedrich Nietzsche in Sorrent. Dieser Glanz der neapolitanischen Belle-Époque schien direkt an die großen Zeiten Neapels als Residenz der Bourbonenkönige anzuknüpfen, in denen Karl III. seine Hauptstadt des Königreichs beider Sizilien [entstand 1816 durch Vereinigung der Königreiche Sizilien und Neapel] zu einer prächtigen Metropole ausbauen ließ. Doch konnte nichts darüber hinwegtäuschen, dass die neuen politischen Realitäten im vereinigten Italien Neapel und damit den gesamten Mezzogiorno zu einem europäischen Notstandsgebiet werden ließ.

Die zuletzt mit wenig Fortune agierenden Bourbonenkönige hatten mit dem Risorgimento des Jahres 1860 [Wiedergeburt des Nationalstaates Italien] ihr Königreich verloren. Die neuen Herrscher aus dem Haus Savoyen residierten in Turin und als Könige ganz Italiens in Rom. Das stolze Neapel mit seiner Jahrhunderte langen Geschichte als größte und bedeutendste Stadt Italiens und seit den Anjous und Aragonesen als königliche Residenz die eigentliche italienische Metropole, verlor fast jegliche Funktion. Die politischen und wirtschaftlichen Kräfte sammelten sich im Norden, in Turin und Mailand, und natürlich auch in Rom, das sich in nur wenigen Jahrzehnten von einer malerischen Provinz- in eine moderne Hauptstadt verwandelte.

Der Abstieg Neapels in die Bedeutungslosigkeit war nicht mehr aufzuhalten und auch die Versuche einer Industrialisierung des Südens blieben letztlich erfolglos. Die Ruinen des ehemaligen größten italienischen Stahlproduzenten „Italsider" am Strand von Bagnoli sind heute als rostiges Monument der Vergangenheit ebenso auch Monument des Untergangs des Mezzogiorno. Auch der Faschismus, der mit neuen pompösen Stadtvierteln wie Fuorigrotta und einer versuchten Entkernung der historischen Altstadt Neapels Agonie ein Ende setzen wollte, hinterlässt nicht viel mehr als die martialischen Prunkbauten im alten Viertel Carità, das Messegelände und einen neuen Hafen. Den eigentlichen Schlusspunkt dieser fatalen Entwicklung setzte dann, trotz der schweren Zerstörungen im Stadtzentrum durch alliierte und deutsche Bombardements, nicht unbedingt der Zweite Weltkrieg; es sind die Jahre nach 1945, in denen Neapel aufhört, eine europäische Stadt zu sein. Bürgermeister wie Achille Lauro (1887–1982) regierten Neapel wie antike Despoten. Die Camorra, die sich seit den Tagen der letzten Bourbonenkönige als zweite Macht im Staat etabliert hatte, wird zu der kriminellen Vereinigung, die sie bis heute ist, und von deren Macht als Hauptarbeitgeber der Stadt Gabriella Vitiello zu berichten weiß.

Die Wahrnehmungen und Beschreibungen Neapels veränderten sich, allein die Superlative blieben. Neapel wird nun zur gefährlichsten, ärmsten, unberechenbarsten und schmutzigsten Stadt Italiens. Eine

Bauspekulation ungeahnten Ausmaßes zerstörte große Teile einer Kulturlandschaft, die einst als *Campania felix* zu den schönsten der Welt zählte. Neapel wird zum undurchdringlichen Moloch aus Korruption und Politik, Elend und Gewalt; zum Synonym urbaner Verwahrlosung. Die bis 1992 aus der Cassa per il Mezzogiorno nach Süditalien gepumpten Milliarden versickerten fast folgenlos. Eine zweite Emigrationswelle, dieses Mal weniger nach Amerika oder Argentinien, sondern vor allem nach Deutschland, entvölkerte ganze Gegenden Kampaniens. Joachim Fest, der während seiner italienischen Reise im Jahr 1988 ausführlich Neapel erkundete, ist ein kluger Beobachter und beredter Chronist neapolitanischer Realitäten. Es dauerte fast 40 Jahre, bis in die 90er Jahre des vergangenen Jahrhunderts hinein, als in Gestalt des Bürgermeisters Antonio Bassolino so etwas wie ein Hoffnungsschimmer am Horizont auftauchte. Die Euphorie dieser Jahre, in denen plötzlich Brunnen plätscherten, die Altstadt als großes Freilichtmuseum entdeckt wurde, sich Parkplätze wieder in begehbare Plätze verwandelten und vor allem im kampanischen Afragola – dem Geburtsort Bassolinos – wirtschaftliche Großprojekte initiiert wurden, ist der größtmöglichen Enttäuschung gewichen. Antonio Bassolino steht im Bewusstsein der meisten Neapolitaner vor den Scherben einer politischen Karriere, die so strahlend und hoffnungsfroh begonnen hatte. Selbst nach dem Erdbeben des Jahres 1980 war Neapel nicht so am Ende wie jetzt im dritten Jahrtausend. Zuletzt erschreckte die Weltöffentlichkeit Nachrichten über den Verfall der antiken Ruinenstadt Pompeji. Dieter Bartetzko, ein ausgewiesener Pompeji-Spezialist, verfolgt seit Jahren, wie hier ein Weltkulturerbe allein wegen der unfassbaren Ignoranz der politisch Verantwortlichen leichtfertig aufs Spiel gesetzt wird.

Ist Neapel schön? Die Stadt ist – wenn vielleicht auch nicht schön –, so doch noch immer auf überwältigende Weise einzigartig. Es gibt nach wie vor berückende Ausblicke auf den Golf und den alles dominierenden Vesuv. Es gibt die Spuren einer 2500-jährigen Geschichte, die vor allem den *centro antico* zu einer Zeitkapsel europäischer Kunst- und Kulturgeschichte machen. Und es gibt Totò, den auch lange nach seinem Tod stürmisch geliebten Volksschauspieler, den Peter Peter als „Fürst des Lächelns“ so treffend portraitiert. Totò ist Neapel und Neapel ist Totò – exzentrisch, melancholisch, verwegen, dabei voller Grandezza; eher tragisch als komisch, vollkommen unberechenbar und vor allem menschlich.

Dieter Richter

Grand Tour. Der Golf von Neapel

Das Reisen ist keine Erfindung der Neuzeit. Und die Geschichte der Reise an den Golf von Neapel zeigt, daß die großen Reiselandschaften aus dem Geiste des Mythos entstehen. Reisende wollen die Bilder identifizieren, mit denen sie ihre Kultur infiziert hat. Reisende sind auf der Suche nach der verzaubernden Erfahrung der *anagnosis*, des Wiedererkennens.

Zwei Jahrtausende speisen sich die mythischen Bilder der Reisenden aus dem Kanon der Literatur: Der Blick auf die Landschaft ist ein literarischer Blick. Reisen wird beflügelt von literarischer Spurensuche, so wie umgekehrt Lesen einhergeht mit topographischer Neugier. Die großen Reiselandschaften entstehen als „Schau-Plätze" der Literatur. Es geht um den Zusammenhang von *Sehen* und *Lesen*, der nicht nur für die Metapher vom „Buch der Natur" (Ernst Robert Curtius) gilt, sondern auch für die Erfahrung konkreter geographischer Landschaften. Was das Auge des Reisenden sieht – so Petrarca –, hat ihm die Schreibfeder zubereitet.

In diesem Sinne ist der Golf von Neapel zur europäischen Reiselandschaft geworden durch einen *locus classicus* der Literatur: das 6. Buch von Vergils „Aeneis". Die Landung des Aeneas in der Bucht von Baiae, sein Besuch in der Sybillen-Grotte von Cumae, sein Weg zum Vorgebirge Misenum (wo unbestattet der tote Gefährte Misenus am Strand liegt), sein Abstieg endlich ins Reich der Toten am Avernersee:

Der Weg des vergilischen Helden ist das Vorbild des Itinerars aller späteren Reisenden, ehrfürchtig nacherlebt von Generationen, Pilgerreise auf den Spuren der großen Literatur. Bereits die Spätantike kannte die „vergilischen" Örtlichkeiten als Ausflugsziele, und bis in die Zeit um 1800 gehört die Gegend südwestlich von Neapel, also der Golf von Pozzuoli und die angrenzende Landzunge des Kap Misenum, zu den wichtigsten Sehenswürdigkeiten eines jeden Neapel-Aufenthalts.

Das vorherrschende antiquarische Interesse – also die Neugier auf Lokalitäten, die durch die antike Literatur gleichsam nobilitiert worden waren – konnte sich dabei außer an Vergils „Aeneis" auch an anderen antiken Reminiszenzen festmachen: an Petrons „Gastmahl des Trimalchio", das in einer der luxuriösen Villen der Gegend „spielt"; an den Oden des Horaz, der an der künstlichen Veränderung der Landschaft am Lukrinersee und an der Küste von Baiae ein Symbol des allgemeinen Kulturverfalls sah, an den Briefen des Seneca, in denen er kritisch-ironisch von seinen Reiseerfahrungen berichtete; an Sueton, dessen Kaiserviten die Gegend wiederholt zum Schauplatz spektakulärer Ereignisse machten – um nur einige zu nennen.

Am Golf von Pozzuoli waren außerdem eindrucksvolle antike Baudenkmäler zu bewundern, wie das (auch heute noch von Touristen besuchte) Amphitheater und die Tempel von Pozzuoli, aber auch andere, die inzwischen so gut wie vergessen sind: die *Cento Camerelle* und die *Piscina mirabilis* bei Bacoli, zwei gewaltige unterirdische Zisternen, der *Lago Fusaro* (in der Antike wegen seiner Austernzucht berühmt), das *Mare Morto* oder die *Stufe di Nerone*, die „Öfen des Nero", ein antikes Felsendampfbad. Alle diese Örtlichkeiten gehören vom späten Mittelalter bis in die Zeit um 1800 zum festen Programm jedes Neapel-Reisenden. Geographische Werke, Reiseführer und Reisebeschreibungen in ganz Europa boten ausführliche (nicht selten stereotype) Beschreibungen der betreffenden Lokalitäten. Sogar eigene touristische Führer waren der Gegend gewidmet, wie die mehrfach aufgelegte *Guida de' Forestieri* des neapolitanischen Bischofs Pompeo Sarnelli. Der Besuch des neapolitanischen „Westens“ bildet die älteste Reiseroute in der Umgebung der Stadt. Erst in der zweiten Hälfte des 18. Jahrhunderts, als das antiquarische Interesse allmählich anderen touristischen „Parametern“ weicht und andere Reiseziele in Kampanien attraktiv werden, verliert die Region ihr Primat. In den Reiseführern des 19. Jahrhunderts tritt sie zunehmend in den Hintergrund. Heute gehört sie zu den unschön zersiedelten Wohngegenden an der Peripherie der Metropole, touristisch spielt sie kaum noch eine Rolle.

Natürlich mußte, wer hier den Spuren der antiken Literatur folgte, nicht mit einer umfangreichen Bibliothek unterwegs sein. Kein älterer Reiseführer, der versäumt hätte, die entsprechenden Örtlichkeiten literarisch aufzubereiten, die Stellen zu zitieren, die Ereignisse zu erwähnen, die hier vorgefallen waren. Über Jahrhunderte hinweg war die Reise an den Golf von Neapel erinnerter Lesestoff, Wiederbegegnung mit der Schullektüre aus frühen Kinderjahren. *Hier war es, wo …:* Das war der eigentliche Schlüssel des Reiseerlebnisses. Es gibt nur noch eine einzige Landschaft auf der Welt, die von unzähligen Menschen vieler Generationen auf die gleiche „literarisch-historische“ Weise erlebt wurde und noch immer erlebt wird: Palästina in seiner christlichen Wahrnehmung als Schauplatz des neuen Testamentes.

Vergil
Lied vom Helden Aeneas

Sechster Gesang

Schmerzlich klagte er, weinend, und bot die Segel dem Winde. An das Euböergestade von Cumae trieben sie endlich. Seewärts kehrte man gleich die Buge; dann krallten die Anker fest sich im Grunde, schon säumten geschweifte Steven die Küste. Glühend vor Eifer, sprangen scharenweise die Männer an das hesperische Ufer, entlockten geäderten Kieseln Funken sogleich, entrafften dem Wald, der Heimat des Wildes, Kleinholz und suchten und fanden ergiebige Quellen. Aeneas aber, der Pflicht sich bewusst, begab sich zum Tempel, dem hohen Sitze Apollos, nicht allzu entfernt, und zur riesigen Grotte, wo die Sibylle einsam und schauerlich wohnte. Ihr hauchte Phöbus prophetische Geisteskraft ein und erschloss ihr die Zukunft. Bald erreichten sie Trivias Hain und das goldene Bauwerk.

Dädalus hatte, erzählt man, zur Flucht aus dem Reiche des Minos einst es gewagt, mit gefiederten Schwingen zum Himmel zu steigen, schwamm auf der ungewöhnlichen Bahn zu den eisigen Bären. Über der Burg von Chalkis beschloss er die luftige Reise. Hier, wo zuerst er wieder den Boden betrat, hier verehrte er dir die Schwingen, Phöbus, und baute den riesigen Tempel. Dargestellt war auf dem Tor, wie Andrógeos starb, wie zu bittrer Sühne Athen alljährlich sieben Knaben als Opfer ausliefern musste; noch stand, nach dem Ziehen der Lose, die Urne. Doch gegenüber erhob sich das gnosische Land aus den Fluten, gab sich Pasíphaë preis dem Stiere zu grausiger Wollust, stand Minotaurus, das Doppelgeschöpf mit dem menschlichen Körper, aber dem Stierhaupt, ein Zeugnis der unnatürlichen Liebe, bot sich der mühsam geschaffene Kerker, der Irrgarten, ohne Ausweg; doch Dädalus, voller Erbarmen für die verliebte Tochter des Königs, brach das Geheimnis des Bauwerks und lenkte mittels des Fadens die tastenden Schritte. Du, Ikarus, hättest ebenfalls Platz auf dem Kunstwerk gefunden, hätte der Kummer dies nicht verhindert; zweimal versuchte der Vater den Absturz kunstreich in Gold zu gestalten, doch zweimal versagten die Hände.

Näher das Tor zu betrachten, verbot die Ankunft des vorher abgesandten Achates sowie der Deíphobe, einer Priesterin für Apoll und Diana. Sie sprach zu Aeneas: „Schwerlich erlaubt dir die Stunde, dies Kunstwerk genau zu beschauen. Opfre aus einer vom Joch nicht berührten Herde jetzt lieber sieben Stiere und sieben getreu der Sitte erwählte Schafe!" Der Weisung gehorchend, vollzogen die Teukrer das Opfer. Anschließend rief die Priesterin sie in den ragenden Tempel.

Ausgehöhlt ist der euböische Felsen zu mächtiger Grotte. Einhundert Zugänge jeweils und Ausgänge klaffen geräumig, hundertfach dröhnt aus den Schlünden, was die Sibylle verkündet. Als sie den Einstieg erreichten, begann die Jungfrau zu rufen: „Fleht jetzt um Auskunft! Da, sehet die Gottheit!" Während sie diese Worte am Eingang hervorstieß, veränderte jäh sich ihr Antlitz, wurde sie bleich, begannen die Haare zu flattern. Sie keuchte, wild überfiel der prophetische Rausch sie, größer und höher wuchs die Gestalt, sie sprach nicht mit menschlicher Stimme mehr, spürte göttlichen Hauch schon, ganz nahe. „Noch immer, Trojaner Aeneas, betest du nicht? Noch immer nicht? Vorher verweigert dir diese schon von der Gottheit in Bann geschlagene Stätte die Auskunft!“

Eisiger Schauer durchzuckte die schon in Gefahren gestählten Teukrer, aus innerstem Herzen begann der König zu beten: „Phöbus, schon immer erbarmtest du dich der Drangsale Trojas, hast den dardanischen Pfeil vom Bogen des Paris erfolgreich gegen Achilles gelenkt. So zahlreiche Meere, im Umkreis riesiger Länder, durchfuhr ich, gelenkt von dir, zum entlegnen Volk der Massyler, den Landstrichen auch zur Seite der Syrten: Endlich erreichten wir jetzt die stets weichende Küste Italiens. Wenn uns doch Trojas trauriges Schicksal bis hierher nur folgte! Ihr auch solltet, zu Recht, das Volk von Pergamon schonen, Götter und Göttinnen, die ihr Troja einst hasstet mit seinem glänzenden Ruhm! Du, heiligste Seherin, kennst ja die Zukunft: Gönne – ich fordre nur eine vom Schicksal verheißene Herrschaft –, gönne den Teukrern und ihren die Fremde durchirrenden Göttern, die man aus Troja vertrieb, im latinischen Lande ein Wohnrecht! Aufbauen werde ich dann für Apoll und Diana aus reinem Marmor ein Heiligtum, stiften ein Fest auf den Namen des Phöbus. Dich auch erwartet ein würdiger Tempel in unserem Reiche. Will ich doch deine Orakel, Geheimnisse, die du je meinem Volke enthülltest, bewahren und dir, du Gütige, Priester wählen und weihen. Nur schreibe nicht, bitte, die Sprüche auf lose Blätter; sie sollen nicht, Spielzeug dem raffenden Wind, durcheinander wirbeln! Erteil sie uns mündlich!“ Damit beschloss er sein Beten.

Johann Wolfgang von Goethe
Italienische Reise

Neapel, Montag, den 26. Februar [1787]

„*Alla Locanda del Sgr. Moriconi al Largo del Castello*". Unter dieser ebenso heiter als prächtig klingenden Aufschrift würden uns Briefe aus allen vier Teilen der Welt nunmehr auffinden. In der Gegend des am Meere liegenden großen Kastells erstreckt sich eine große Weitung, die man, obgleich von allen vier Seiten mit Häusern umgeben, nicht Platz, sondern Weite (*largo*) genannt hat, wahrscheinlicherweise von den ersten Zeiten her, da dieses noch ein unbegrenztes Feld war. Hier nun tritt an der einen Seite ein großes Eckhaus herein, und wir fassten Fuß in einem geräumigen Ecksaale, der einen freien und frohen Überblick über die immer bewegte Fläche gewährt. Ein eiserner Balkon zieht sich außen an mehreren Fenstern vorbei, selbst um die Ecke hin. Man würde davon nicht wegkommen, wenn der scharfe Wind nicht äußerst fühlbar wäre.

Der Saal ist munter dekoriert, besonders aber die Decke, deren Arabesken in hundert Abteilungen schon die Nähe von Pompeji und Herculanum verkünden. Das wäre nun alles schön und gut, aber keine Feuerstätte, kein Kamin ist zu bemerken, und der Februar übt denn doch auch hier seine Rechte. Ich sehnte mich nach einiger Erwärmung.

Man brachte mir einen Dreifuß, von der Erde dergestalt erhöht, dass man die Hände bequem drüber halten konnte. Auf demselben war ein flaches Becken befestigt, dieses enthielt ganz zarte glühende Kohlen, gar glatt mit Asche bedeckt. Hier gilt es nun haushältig sein, wie wir es in Rom schon gelernt. Mit dem Ohr eines Schlüssels zieht man von Zeit zu Zeit die oberflächliche Asche behutsam weg, sodass von den Kohlen wieder etwas an die freie Luft gelange. Wollte man jedoch ungeduldig die Glut aufwühlen, so würde man einen Augenblick größere Wärme spüren, aber sehr bald die ganze Glut erschöpft haben, da dann das Becken abermals gegen Erlegung einer gewissen Summe zu füllen wäre.

Ich befand mich nicht ganz wohl und hätte freilich mehr Bequemlichkeit gewünscht. Eine Schilfmatte diente gegen die Einflüsse des Estrichs; Pelze sind nicht gewöhnlich, und ich entschloss mich, eine Schifferkutte, die wir aus Scherz mitgenommen hatten, anzuziehen, die mir gute Dienste leistete, besonders nachdem ich sie mit einem Kofferstrick um den Leib befestigt hatte, da ich mir denn als Mittelding zwischen Matrosen und Kapuziner sehr komisch vorkommen musste. Tischbein, der von Besuchen bei Freunden zurückkehrte, konnte sich des Lachens nicht enthalten.

Neapel, den 27. Februar 1787

Gestern bracht' ich den Tag in Ruhe zu, um eine kleine körperliche Unbequemlichkeit erst abzuwarten, heute ward geschwelgt und die Zeit mit Anschauung der herrlichsten Gegenstände zugebracht. Man sage, erzähle, male, was man will, hier ist mehr als alles. Die Ufer, Buchten und Busen des Meeres, der Vesuv, die Stadt, die Vorstädte, die Kastelle, die Lusträume! – Wir sind auch noch abends in die Grotte des Posilipo gegangen, da eben die untergehende Sonne zur andern Seite hereinschien. Ich verzieh es allen, die in Neapel von Sinnen kommen, und erinnerte mich mit Rührung meines Vaters, der einen unauslöschlichen Eindruck besonders von denen Gegenständen, die ich heut zum erstenmal sah, erhalten hatte. Und wie man sagt, dass einer, dem ein Gespenst erschienen, nicht wieder froh wird, so konnte man umgekehrt von ihm sagen, dass er nie ganz unglücklich werden konnte, weil er sich immer wieder nach Neapel dachte. Ich bin nun nach meiner Art ganz stille und mache nur, wenn's gar zu toll wird, große, große Augen.

Neapel, den 28. Februar 1787

Heute besuchten wir Philipp Hackert, den berühmten Landschaftsmaler, der eines besondern Vertrauens, einer vorzüglichen Gnade des Königs und der Königin genießt. Man hat ihm einen Flügel des Palasts Francavilla eingeräumt, den er mit Künstlergeschmack möblieren ließ und mit Zufriedenheit bewohnt. Es ist ein sehr bestimmter, kluger Mann, der bei unausgesetztem Fleiß das Leben zu genießen versteht.

Dann gingen wir ans Meer und sahen allerlei Fische und wunderliche Gestalten aus den Wellen ziehen. Der Tag war herrlich, die Tramontane leidlich.

Neapel, den 1. März

Schon in Rom hatte man meinem eigensinnigen Einsiedlersinne, mehr als mir lieb war, eine gesellige Seite abgewonnen. Freilich scheint es ein wunderlich Beginnen, dass man in die Welt geht, um allein bleiben zu wollen. So hatte ich denn auch dem Fürsten von Waldeck nicht widerstehen können, der mich aufs freundlichste einlud und durch Rang und Einfluss mir Teilnahme an manchem Guten verschaffte. Kaum waren wir in Neapel angekommen, wo er sich schon eine Zeitlang aufhielt, als er uns einladen ließ, mit ihm eine Fahrt nach Pozzuoli und der anliegenden Gegend zu machen. Ich dachte heute schon auf den Vesuv, Tischbein aber nötigt mich zu jener Fahrt, die, an und für sich angenehm, bei dem schönsten Wetter in Gesellschaft eines so vollkommenen und unterrichteten Fürsten sehr viel Freude und Nutzen verspricht. Auch haben wir schon in Rom eine schöne Dame gesehen, nebst ihrem Gemahl von dem Fürsten unzertrennlich; diese soll gleichfalls von der Partie sein, und man hofft alles Erfreuliche.

Auch bin ich dieser edlen Gesellschaft durch frühere Unterhaltung genauer bekannt. Der Fürst nämlich fragte bei unserer ersten Bekanntschaft, womit ich mich jetzt beschäftige, und meine „Iphigenia" war mir so gegenwärtig, dass ich sie einen Abend umständlich genug erzählen konnte. Man ging drauf ein; aber ich glaubte doch zu merken, dass man etwas Lebhafteres, Wilderes von mir erwartet hatte.

Abends

Von dem heutigen Tage wäre schwerlich Rechenschaft zu geben. Wer hat es nicht erfahren, dass die flüchtige Lesung eines Buchs, das ihn unwiderstehlich fortriss, auf sein ganzes Leben den größten Einfluss hatte und schon die Wirkung entschied, zu der Wiederlesen und ernstliches Betrachten kaum in der Folge mehr hinzutun konnte. So ging es mir einst mit „Sakontala", und geht es uns mit bedeutenden Menschen nicht gleicherweise? Eine Wasserfahrt bis Pozzuoli, leichte Landfahrten, heitere Spaziergänge durch die wundersamste Gegend von der Welt. Unterm reinsten Himmel der unsicherste Boden. Trümmern undenkbarer Wohlhäbigkeit, zerlästert und unerfreulich. Siedende Wasser, Schwefel aushauchende Grüfte, dem Pflanzenleben widerstrebende Schlackenberge, kahle, widerliche Räume und dann doch zuletzt eine immer üppige Vegetation, eingreifend, wo sie nur irgend vermag, sich über alles Ertötete erhebend, um Landseen und Bäche umher, ja, den herrlichsten Eichenwald an den Wänden eines alten Kraters behauptend.

Und so wird man zwischen Natur- und Völkerereignissen hin und wider getrieben. Man wünscht zu denken und fühlt sich dazu zu ungeschickt. Indessen lebt der Lebendige lustig fort, woran wir es denn auch nicht fehlen ließen. Gebildete Personen, der Welt und ihrem Wesen angehörend, aber auch, durch ernstes Geschick gewarnt, zu Betrachtungen aufgelegt. Unbegrenzter Blick über Land, Meer und Himmel, zurückgerufen in die Nähe einer liebenswürdigen jungen Dame, Huldigung anzunehmen gewohnt und geneigt.

Unter allem diesem Taumel jedoch verfehlt' ich nicht, manches anzumerken. Zu künftiger Redaktion wird die an Ort und Stelle benutzte Karte und eine flüchtige Zeichnung von Tischbein die beste Hülfe geben; heute ist mir nicht möglich, auch nur das mindeste hinzuzufügen.

Den 2. März

bestieg ich den Vesuv, obgleich bei trübem Wetter und umwölktem Gipfel. Fahrend gelangt' ich nach Resina, sodann auf einem Maultiere den Berg zwischen Weingärten hinauf; nun zu Fuß über die Lava vom Jahre Einundsiebenzig, die schon feines, aber festes Moos auf sich erzeugt hatte; dann an der Seite der Lava her. Die Hütte des Einsiedlers blieb mir links auf der Höhe. Ferner den Aschenberg hinauf, welches eine sauere Arbeit ist. Zwei Dritteile dieses Gipfels waren mit Wolken bedeckt. Endlich erreichten wir den alten, nun ausgefüllten Krater, fanden die neuen Laven von zwei Monaten vierzehn Tagen, ja, eine schwache von fünf Tagen schon erkaltet. Wir stiegen über sie an einem erst aufgeworfenen vulkanischen Hügel hinauf, er dampfte aus allen Enden. Der Rauch zog von uns weg, und ich wollte nach dem Krater gehn. Wir waren ungefähr funfzig Schritte in den Dampf hinein, als er so stark wurde, dass ich kaum meine Schuhe sehen konnte. Das Schnupftuch vorgehalten half nichts, der Führer war mir auch verschwunden, die Tritte auf den ausgeworfenen Lavabröckchen unsicher, ich fand für gut, umzukehren und mir den gewünschten Anblick auf einen heitern Tag und verminderten Rauch zu sparen. Indes weiß ich doch auch, wie schlecht es sich in solcher Atmosphäre Atem holt.

Übrigens war der Berg ganz still. Weder Flamme, noch Brausen, noch Steinwurf, wie er doch die ganze Zeit her trieb. Ich habe ihn nun rekognosziert, um ihn förmlich, sobald das Wetter gut werden will, zu belagern.

Die Laven, die ich fand, waren mir meist bekannte Gegenstände. Ein Phänomen hab' ich aber entdeckt, das mir sehr merkwürdig schien und das ich näher untersuchen, nach welchem ich mich bei Kennern und Sammlern erkundigen will. Es ist eine tropfsteinförmige Bekleidung einer vulkanischen Esse, die ehemals zugewölbt war, jetzt aber aufgeschlagen ist und aus dem alten, nun ausgefüllten Krater herausragt. Dieses feste, grauliche, tropfsteinförmige Gestein scheint mir durch Sublimation der allerfeinsten vulkanischen Ausdünstungen ohne Mitwirkung von Feuchtigkeit und ohne Schmelzung gebildet worden zu sein; es gibt zu weitern Gedanken Gelegenheit.

Heute, den dritten März, ist der Himmel bedeckt und ein Scirocco weht; zum Posttage gutes Wetter.

Sehr gemischte Menschen, schöne Pferde und wunderliche Fische habe ich hier übrigens schon genug gesehen.

Von der Lage der Stadt und ihren Herrlichkeiten, die so oft beschrieben und belobt sind, kein Wort. „*Vedi Napoli e poi muori!*" sagen sie hier. „Siehe Neapel und stirb!"

Neapel, den 3. März

Dass kein Neapolitaner von seiner Stadt weichen will, dass ihre Dichter von der Glückseligkeit der hiesigen

Lage in gewaltigen Hyperbeln singen, ist ihnen nicht zu verdenken, und wenn auch noch ein paar Vesuve in der Nachbarschaft stünden. Man mag sich hier an Rom gar nicht zurückerinnern; gegen die hiesige freie Lage kommt einem die Hauptstadt der Welt im Tibergrunde wie ein altes, übelplaciertes Kloster vor.

Das See- und Schiffwesen gewährt auch ganz neue Zustände. Die Fregatte nach Palermo ging mit reiner, starker Tramontane gestern ab. Diesmal hat sie gewiss nicht über sechsunddreißig Stunden auf der Fahrt zugebracht. Mit welcher Sehnsucht sah ich den vollen Segeln nach, als das Schiff zwischen Capri und Kap Minerva durchfuhr und endlich verschwand. Wenn man jemand Geliebtes so fortfahren sähe, müsste man vor Sehnsucht sterben! Jetzt weht der Scirocco; wenn der Wind stärker wird, werden die Wellen um den Molo lustig genug sein.

Heute, als an einem Freitage, war die große Spazierfahrt des Adels, wo jeder seine Equipagen, besonders Pferde, produziert. Man kann unmöglich etwas Zierlicheres sehen als diese Geschöpfe hier; es ist das erste Mal in meinem Leben, dass mir das Herz gegen sie aufgeht.

August von Platen
Tagebücher

26. Juli 1827. Neapel.

Mein Verhältnis zu Kopisch hat sich auf das schönste und freundlichste entwickelt. Er ist einer der edelsten und liebenswürdigsten Charaktere, die mir jemals vorgekommen, voll mannigfaltiger Talente, äußerst unterhaltend im Gespräch und immer heiter scheinend, wiewohl er noch aus Deutschland, wohin er nach dreien Jahren Abwesenheit wieder zurückzukehren denkt, einen stillen Kummer mit sich brachte, dessen Geschichte er mir vertraute, und der in dem unglücklich verwickelten Verhältnis zu einem Mädchen seinen Grund hat, die seine Verwandte ist. Wenn er darauf zu reden kommt, so laufen diesem Menschen, der sonst die Lustigkeit selbst scheint, die Tränen über die Wangen. Da er bei allen seinen Vorzügen auch Dichter ist, und zwar einer, der es ernsthaft mit sich selbst meint, so lässt sich leicht denken, dass dadurch tausendfache Berührungspunkte zwischen uns entstehen. Eine ähnliche Freundschaft kann im Leben kaum zweimal vorkommen. Sie ward uns gegönnt, aber nur eine kurze Zeit des Zusammenseins. Über seine Gedichte war ich immer ganz aufrichtig gegen ihn, und er hat es immer gut aufgenommen. Von der „Chrimhilde“ kenne ich bis jetzt bloß zwei Akte. Die zu epische Behandlung entspricht mir nicht; auch Stil und Versifikation, deren Schwächen er selbst zugibt, habe ich stark getadelt. Hingegen hat er mir einen Dithyrambus rezitiert, der einen wahrhaft pindarischen Schwung hat, wiewohl ich auch hier das Regellose in den Rhythmen nicht billigen konnte. Er hat die Gabe, sehr schön und lebendig zu rezitieren, und ein außerordentliches Gedächtnis. Jene Dithyrambe rezitierte er mir verwichenen Zwanzigsten, wo ich zum erstenmal auf längere Zeit bei ihm war und er mir zum erstenmal um den Hals fiel, mit Tränen in den Augen. Schon zwei Tage vorher hatte ich eine Ode an ihn gedichtet. Diese ward ihm aber erst am Dreiundzwanzigsten spät abends übergeben, als er mich auf mein Zimmer begleitete, um sich die „Verhängnisvolle Gabel" zu holen, die er noch nicht gelesen hatte. Er wurde so davon ergriffen, dass er sie zweimal nacheinander durchlas und die ganze Nacht nicht schlafen konnte. Von der Ode sagt er selbst in seiner Antwort, dass sie

Dem Leibe Ruh' nahm
Und Entzückung der Seele gab.

Diese Antwort übergab er mir des anderen Tages auf der Straße, da er mich eben zu Tisch abholen wollte, wie er gewöhnlich tut, und ich ihm zufällig zuvorkam. „Ach, welche Freude haben Sie mir gemacht!" sagte er, indem er mir beide Hände drückte. Wie wohl tat es mir, jemandem durch ein Gedicht eine persönliche Freude gemacht zu haben, was mir bis jetzt, besonders bei German, so schlecht gelang! Bei Tische fühlten wir uns geniert, noch zueinander mit „Sie" zu sprechen, und als ich nach Tisch bei mir allein auch sein Gedicht gelesen hatte und wieder zu ihm kam, fingen wir an, uns „du" zu nennen. Des Abends waren wir noch im Kastell der Königin Johanna, einer schönen Ruine am Meer. Zum Geheimrat kommen wir gewöhnlich später des Abends und gehen dann mit ihm in eine Sorbetterie an der Paulskirche. Wir beide gehen dann immer zusammen nach Hause, da Kopisch in meiner Nähe wohnt. So geschah es auch gestern, nachdem wir erst das Grab Virgils auf dem Posilippo besucht hatten, das in einem Weingarten zwischen Felsen und Feigenbäumen liegt. Wir nahmen dann ein Bad an der Villa Reale, und Kopisch fing an, mich im Schwimmen zu unterrichten, da er, in allen gymnastischen Künsten Meister, ein sehr guter Schwimmer ist und ich noch sehr ein Anfänger in dieser Kunst. Heute morgen standen wir ziemlich früh auf, nahmen ein Schiff an der Villa und fuhren nach der sogenannten *Scuola di Virgilio*, einer entzückenden Felspartie, von wo man das Vorgebirg Misenum, die Inseln Ischia, Procida, Nisida und noch eine andere kleine Felseninsel vor sich sieht. Überall hat das Meer den Posilipp ausgehöhlt und die herrlichsten Grotten gebildet. In einer von ihnen, die die Schiffer S. Giovanni nennen, haben wir uns gebadet.

[...]

24. Oktober 1827. Neapel.

Mein heutiger einunddreißigster Geburtstag verstrich mir einsamer und trauriger als irgendeiner meines Lebens. Es war ein starkes Gewitter und regnete den ganzen Tag, sodass man keinen Augenblick genießen konnte. Ich bereute fast, dass ich Capri verlassen habe, was am Neunzehnten geschah. Hier bin ich nun vollends aus aller Andacht, und wer weiß, wann meine Komödie fortgesetzt werden wird. Den Tag meiner Ankunft war das Wetter unbeschreiblich schön, und Neapel gefiel mir sehr. Aber diese Stadt ist ein für allemal zu zerstreuend und verführerisch. Es ist nicht möglich, hier ruhig zu sein. Kopisch habe ich erst ein einziges Mal gesehen. Er wohnt gegenwärtig sehr weit von mir. Vor einigen Tagen waren wir zusammen in den Fiorentini, wo ein Trauerspiel des hiesigen Duca di Ventignano, „Romeo und Giulietta“, gegeben wurde. Es ist nicht schlecht, nur die Grabszene verfehlt, wodurch der Eindruck erkaltet. Die Tessari spielte, wie gewöhnlich, bewunderungswürdig.

Ich habe nicht Ursache, mit mir zufrieden zu sein, und bin in diesem Jahr weniger vorwärts- als zurückgekommen. Mit meiner Gesundheit ohnedem; aber auch überhaupt. Die poetische Unfruchtbarkeit war groß, Rom zerstörte mich, und was soll ich von Neapel sagen, wo alles Reiz ist und doch so wenig Genuss.

Ferdinand Gregorovius
Neapel

Man merkt es bald an seinem eigenen innern Drange, dass alles Leben von Neapel nicht in die Stadt, sondern aus ihr hinaus in die Umgebung strebt. Neapel selbst hat geradezu etwas Abstoßendes; dies Chaos himmelhoch getürmter Häuser mit barocken Architekturen, die Schwüle und der Staub der Straßen, das sinnbetäubende Gefühl fesseln nicht für lange; wer in Neapel verweilt, bleibt nur, weil die Natur ringsumher das zaubervollste Paradies aufgebaut hat, und weil man von der Stadt wie aus dem Mittelpunkt desselben überallhin in kurzer Zeit gelangen kann, nach Pompeji, Ischia, Sorrento, nach Bajae, auf den Vesuv und nach Capri.

Es gibt daher eine immerwährende Bewegung der Massen von der Stadt weg ins Freie, in drei Hauptrichtungen, welche zugleich die topografische Beschaffenheit Neapels bestimmen. Die eine geht zu den schönen Hügeln Capodimontes hinauf durch die Pulsader Neapels, den Toledo, bis auf die mit Villen bedeckten Anhöhen und die Eremitagen der Camaldoli; die zweite und dritte führen rechts und links vom Ende des Toledo längs des Meeres, hier über den Hafen und die Marinella nach Portici, Pompeji und dem Vesuv, dort über die Chiaia den Posilip hinauf oder durch die große Grotte nach Pozzuoli und Bajä.

Dies sind die drei großen Lebensströme Neapels; es gewährt ein einziges Schauspiel, sie, namentlich nachmittags und abends, in unablässiger Bewegung zu sehen. Hier rollen sowohl die Karossen als die *Curriculi*, die vom bebänderten Maultier gezogenen zweirädrigen Wagen, in unabsehbarer Linie auf und nieder; in diesen Richtungen drängen sich alle Industrie, aller Luxus, alle Lebensbedürfnisse zusammen: das Glänzende in den Magazinen des Toledo, dessen Untergeschosse Warenlager jeder Art sind; das Notwendige zu den beiden andern Seiten am Meer. Doch auch hier mit einer besonderen Eigentümlichkeit. Denn das elegante Neapel, dessen Gebiet eigentlich der Toledo ist, setzt sich noch bis zur Chiaia fort. Die Chiaia ist eine der herrlichsten Kais der Welt; ihre modernen Paläste sind Wohnungen der Reichen, der Gesandten und die ersten Hotels der Stadt. Vor ihnen liegt die Villa Reale, deren Garten nur den sogenannten anständigen Klassen geöffnet ist. Das Volksleben ist also hier ausgeschlossen; die vornehme Welt hat dies Gebiet für sich in Beschlag genommen. Selbst am Strande sieht man kaum einige Fischer, und die Bäder, die dort angelegt werden, kosten teures Geld. Erst wo die Chiaia sich nach der Grotte des Posilip und der Mergellina teilt, beginnt wieder das Revier der Volksbedürfnisse, des Volkslebens, der Fisch- und Gemüsemärkte und der Schenken.

Es hat daher diese Richtung ein stilles und vornehmes Ansehen. Dies ändert sich wie mit einem Zauberschlage, wenn man über das Kastell hinaus den Kai Santa Lucia betritt. Von hier ab ergießt sich das Volksleben, noch einmal auf kurzer Strecke durch das königliche Schloss unterbrochen und durch das Castel Nuovo gleichsam gezügelt, in steigender Progression über den Hafen hinaus bis zum *Mercato*, dem großen Markt hin, und setzt sich, schwächer werdend, in den Vorstädten Neapels, man kann sagen bis nach Portici fort. Den Übergang vom aristokratischen Neapel zum demokratischen macht also Santa Lucia, welches einen gemischten Charakter hat, und wo Gasthäuser zweiten Ranges stehen. Vom Hafen an, um den sich aller Verkehr zusammenhäuft, der die unteren Klassen in Bewegung setzt und wie ein Zentralpunkt nach allen Seiten eine unglaubliche Tätigkeit, Arbeit und Industrie ausstrahlt, wächst die Bewegung des Gewerbes, des Volksbedürfnisses, des Volksgenusses. Diese ganze Seite sieht verwohnt, verlebt, verarbeitet aus; der Kai ist schmutzig von Kohlenstaub und von unzähligem Material bedeckt, dichtgedrängt voll *Lazzaroni*, voll Barkenführer, Fischer, Hausierer. Hier kauft der gemeine Mann seine Kleider und Schuhe, und diese Waren häufen sich in vielen engen Straßen. Jeglicher Artikel häuslichen Bedarfs ist hier vorrätig. Hier sind die Volksbutiken, die Kaffee- und Likörschenken; hier stehen die Fruchttische bedeckt mit schon in Scheiben zerlegten Orangen und Wassermelonen, die man für einen Tornese [Münze] kauft und stehend verzehrt. Hier ist die Speise des gemeinen Mannes, die indische Feige, bereits geschält. Und hier sammeln sich auch die Straßensalons der Volksunterhaltung. Jeden Nachmittag sieht man in einer Winkelgasse am Hafen einen Vorleser aus einem abgerissenen Buch Romanzen, Rittergeschichten, Räubertragödien nachdrücklich vor einem Zuhörerkreise vortragen. Auch der Schreiber sitzt hier, welcher Liebesbriefe schreibt. Hier stehen die Pulcinellatheater, das Pulcinellhäuschen am Eingange, woraus die schnalzenden Töne des kleinen Männchens lockend hervorschallen. Auch das höhere Volkstheater San Carlino befindet sich nahe am Hafen. Selbst für Bäder ist hier gesorgt; denn der ganze Kai wimmelt von Badehäusern, worin der Unbemittelte ein Bad erschwingen kann.

Aber all dies ans Meer und um das Schiffsgewühl des Hafens gedrängte Leben scheint noch Ebbe zu sein, vergleicht man es mit jener ungeheuren Flut, die sich über die beiden großen Speisemärkte ergießt, den *Porto Nuovo* und den *Mercato*. Es ist nicht in Worte zu fassen, welche Volksmenge namentlich im *Porto Nuovo* durcheinander wogt. Ganz Kampanien scheint seine

Früchte und der ganze Golf all seine Fische auf diesen Platz geworfen zu haben. Das Volk ist nur da, um zu kaufen, zu essen. Hier ist das Theater für den Hunger Neapels. Man flüchte sich in eine jener wunderlichen Garküchen, wo hinter Bretterverschlägen die *pizzi*, große, flache Kuchen, gegessen werden, welche mit Käse oder mit Schinkenstücken belegt sind, je nach dem Geschmack des Bestellers. Man fordert sie, und in fünf Minuten sind sie gebacken. Es gehört der Magen eines *Lazzarone* [Bettler] dazu, sie zu verdauen.

Auf dem *Mercato* werden die Wochenmärkte gehalten. Der ungeheure Platz, dem Deutschen eine Stätte der Trauer, weil hier der letzte Hohenstaufe enthauptet ward, ist zugleich dadurch charakteristisch, dass auf ihm die Geschichte Masaniellos gespielt hat. Die Lazzaroni haben hier ihren König gekrönt und erschlagen. Er ist darum das historische Lokal des neapolitanischen Volks, sein Bastilleplatz, blutig durch schreckliche Szenen der Volksjustiz, welche hier die Köpfe des Adels abschlug und zur Schau stellte, und schrecklich durch die Erinnerungen an die Pest.

Diese Menschenwelt zu entwirren und in Gruppen ihrer besondern Art zu ordnen, möchte eine ebenso interessante wie schwierige Aufgabe sein. Man hat so viele Darstellungen neapolitanischen Lebens, so viele fleißige und geistreiche Bücher, aber ihrer tausend könnte man zuvor gelesen haben und stünde doch vor diesem Wechsel der Erscheinungen ganz unberaten da. Am ehesten ließe sich noch das Leben in Santa Lucia in einen Rahmen zusammenfassen. Ich habe schon gesagt, dass dieser Kai, einer der merkwürdigsten Punkte Neapels, die neutrale Mitte ist, wo sich die obern und untern Schichten der Bevölkerung begegnen und die mittlere Bürgerklasse den Sieg davongetragen hat. Der schöne Kai von geringer Länge wird links von den Gebäuden des Schlosses, rechts von dem malerischen Castell dell'Ovo abgeschlossen. Fast in der Mitte des großen Bogens gelegen, welcher den Golf umfasst, steht er offen gegen das Meer, und hier kann der Blick frei über die Wasserfläche streifen, weil kein Schiffsgewühl, wie im Hafen, ihn behindert. Dies zieht daher sowohl die Fremden in Gasthäuser, welche sich in Santa Lucia aufgetan haben, als den Mittelstand auf den Kai, um abends sich des unvergleichlichen Schauspiels und sonstiger Genüsse zu erfreuen.

Ich habe sechs Wochen auf Santa Lucia zugebracht. Wenn ich auf den Balkon meines Fensters trat, lagen vor mir der Golf, der Vesuv, die weißen Städte an seinem Fuß, die Küsten von Castellamare und Sorrent bis zum Kap der Minerva, und die Felseninsel Capri. Jeden Morgen weckte mich der Golf selber, sobald er die Rosenhelle seines stillen Spiegels in mein Zimmer strahlte, und jeden Morgen betrachtete ich das Wunder des Sonnenaufgangs und die Farbenpracht der Berge und des Meeres, welche auch die ungeheure Stadt zu entzünden und zu erwecken scheint. Diese Lage hat Santa Lucia; aber noch ein feenhafteres Schauspiel gewährt sie, wenn der Mond sein magisches Licht über Berge, Meer und Stadt ergießt, während den ganzen Golf bis zum Kai ein breiter Lichtstrom durchflutet. Der schwarze Mastenwald im Hafen schwebt dann geisterhaft in einem weißen Silberdunst, der schlanke Leuchtturm funkelt matter, Barken gleiten traumhaft wie dunkle Schatten über die Lichtfläche, tauchen auf und verschwinden. Am Horizont steigt der schöne Fels von Capri aus der Nacht märchenhaft empor, und ganz überwältigend, wie fantasmagorische Lichtbilder, glänzen drüben die Somma, der Vesuv und die Berge von Castellamare und Sorrent. Wer kann in solcher Nacht schlafen? Man steigt in eine Barke und rudert hinaus durch die phosphoreszierenden Wellen, oder man setzt sich zum Volk auf den Kai und isst *frutti di mare.*

Denn hier lärmt unmittelbar am Wasser das fröhlichste Leben. In zwei Reihen stehen die kleinen Buden der Austernhändler. Santa Lucia ist der Sammelpunkt aller Meeresfrüchte. Muscheln und Austern jeder Art liegen hier zierlich geordnet auf schrägen Laden. Jede Bude ist nummeriert und mit dem Namen des Besitzers versehen. Unaufhörlich wird zum Genuss eingeladen; die Lichter flimmern; in ihrem Schein blitzen die schönen, bizarren Muscheln, und Seeigel, Seesterne, Meerkorallen, Krebse locken mit ihren seltsamen Formen und bunten Schalen weniger zum Genuss als zur Betrachtung. Das geheimnisvolle Reich der Tiefe ist hier aufgeschlossen; so märchenhaft sieht dieser kleine Muschelmarkt aus wie ein Meeresweihnachten, und alle Abende hat man die Freude des Anblicks.

Geht man die steinernen Treppen an das Wasser hinunter, so befindet man sich plötzlich in einem großen, nächtlich erleuchteten Saal unter freiem Himmel. Hier verzehrt das Volk an Tischen Austern, und hier kann man auch die Makkaronivertilger anstaunen. Man macht sich wohl das Vergnügen, einem Lazzarone oder Fischerjungen ein paar Gran [Münzen] zu schenken, damit er sich Makkaroni kaufe und sich im Verschlingen derselben produziere. Wo dieses Gewühl endigt, beginnt eine andere bunte Szene. In einem Gewölbe sprudelt am Kai die Schwefelquelle von Santa Lucia. Vom frühen Morgen bis in die späte Nacht schöpfen dies Heilwasser Weiber und Mädchen in Gläsern und bieten den Trunk aus. Man sitzt auf Stühlen umher, man trinkt ein Glas des mineralischen Wassers und isst dazu kleine Kringel. Von allen Seiten strömen Besucher, von der Stadt her wie aus den Barken, welche kommen und gehen. Und hier wirft auch die nächtliche Nymphe ihre Netze nach dem Fremden aus. Die losen Mädchen kommen mit der Mutter oder gewöhnlich mit einer grauhaarigen Kupplerin, welche die Ehrenwächterin spielt, nach Santa Lucia und knüpfen sehr ominös bei einem Glase Schwefelwasser ihr Liebesabenteuer an.

So ist der Abend auf Santa Lucia. Auch der Tag ist nicht minder geräuschvoll. Man badet hier öffentlich vor den Augen der Welt. Vom Kai am Castell dell'Ovo sieht man zu jeder Stunde Buben und Jünglinge in das Wasser springen und köpflings ihre Schwimmkünste zeigen. Die Neapolitaner schwimmen gleich Delfinen. Das Element erhält den Menschen am ursprünglichen Naturzustande; der warme Himmel bringt die Nacktheit wieder zu Ehren, und die herrlichsten Studien der Antike lassen sich hier auf der Straße machen. Dieser Gegensatz ist sehr grell; am Kai rollen die Wagen mit Aristokraten der höchsten Gesellschaft; vor den Augen der feinsten Damen aus den Salons von Paris oder London springen Scharen nackter Menschen in paradiesischer Unschuld in die Wellen. Fischerbuben laufen nackt selbst auf die Straße und begrüßen mit vielen graziösen Verbeugungen und lebhafter Gestikulation den Fremden, der ihnen dann und wann einen Gran zu schenken pflegt. Ich machte mir oft das Vergnügen, vom vierten Stock meiner Wohnung herab diese Buben mit einem Gran auf die Straße zu locken. Auf einen Wink sprangen sie ins Wasser und kehrten triefend zurück, um den Lohn zu empfangen. Den Anblick des Nackten wird man im ganzen Golf nicht los. Selbst auf die eisernen Gitter des Hafens klettern Knaben, um sich dann kopfüber ins Meer zu stürzen.

Andreas Schlüter

Spaziergang durch das antike Neapel

An der Straßenecke Vico del Fico al Purgatorio und der Via dei Tribunali – mitten in der neapolitanischen Altstadt – hängt eine kleine Gedenktafel. Schlichtes Aluminium umrahmt die etwas verwackelte Farbfotografie einer zahnlos lächelnden Alten, und auch den Text dazu hat nicht gerade Vergil gedichtet: „An dieser Straßenecke im Herzen Neapels verbrachte Gelsomina Cammarano ihr Leben, dabei Neapel im Herzen tragend." Viel Herz und viel Neapel für gerade mal zwei Zeilen. Gelsomina starb im Jahr 2002, und bis zum Ende ihres 88 Jahre währenden Lebens stand sie hinter einem schiefen Holztisch und sortierte ihr Angebot an Obst und Gemüse. Eine Institution war Gelsomina nicht nur wegen ihrer Gutmütigkeit, sondern auch wegen der zu ihren Füßen scharrenden Hühner, deren frisch gelegte Eier sie selbstverständlich verkaufte. Das Bild dieser regelmäßig von vorbeirasenden Vespas aufgeschreckten und dann zwischen erstaunten Touristen herumflatternden Hühner ist unvergesslich.

„Neapel ist", so schrieb Curzio Malaparte in seinem Roman „Die Haut", „die geheimnisvollste Stadt Europas, es ist die einzige Stadt der antiken Welt, die nicht untergegangen ist wie Ilios, wie Ninive, wie Babylon. Es ist die einzige Stadt der Welt, die nicht in dem ungeheuren Schiffbruch der antiken Kultur versunken ist. Neapel ist ein Pompeji, das niemals verschüttet wurde. Es ist keine Stadt, es ist eine Welt." Malapartes pathetische Sätze geistern seit dem Welterfolg seines Romans als Zitat durch die Neapelliteratur. Allerdings ist es für den heutigen Besucher nicht einfach, der vermeintlich geheimnisvollsten Stadt Europas vorurteilsfrei zu begegnen, und an ein nie verschüttetes Pompeji erinnert auf den ersten und auch den zweiten Blick erst einmal nichts. Neapel entspricht so sehr seinem touristischen Klischee, ist so sehr Neapel mit flatternder Wäsche, schreienden Menschen und hupenden Vespas, dass die Besucher seit jeher vor allem verstört reagieren. Haften bleiben meist nur die unscharfen Bilder pittoresker oder auch bedrohlich wirkender Alltagsszenen und vor allem die weltweit von den Medien verbreiteten Meldungen von Müll, Camorra und Tod. Es gibt allerdings – und hier trifft Malapartes berühmtes Zitat zu – keine zweite europäische Stadt, die trotz ihrer kunst- und kulturhistorischen Bedeutung so wenig musealisiert ist wie gerade Neapel. Italiens Innenstädte sind nicht selten zu leblosen Anhäufungen mehr oder weniger perfekt restaurierter Sehenswürdigkeiten erstarrt, aus denen die Einwohner wegen nicht mehr bezahlbarer Immobilienpreise oder den Zumutungen nie abbrechender Touristenströme flüchten. Selbst Rom, Inbegriff einer antiken Stadt, ist heute im historischen Zentrum mehr marmornes Monument als urbaner Lebensraum. Zudem markieren die bewunderten römischen Ruinen weniger die Topografie der Hauptstadt des antiken Imperiums, sondern sind inmitten umbertianischer oder faschistischer Repräsentationsarchitektur zu solitären Denkmälern moderner Staatspropaganda geworden. Kaum ein Besucher der Ewigen Stadt möchte oder kann sich vergegenwärtigen, dass sein Blick auf das antike Rom vor allem von Mussolinis Hauptstadtvisionen eines neuen Italiens geprägt ist.

Neapel ist anders. Und diese Andersartigkeit – von der Antike bis zur Gegenwart immer wieder beschrieben – zieht sich als Konstante durch eine 2500-jährige Geschichte. Dabei hat sich oberirdisch – zumindest scheint es so – kaum etwas aus der griechisch-römischen Vergangenheit erhalten. Ein paar Tuffsteinreste der griechischen Stadtmauer an der Piazza Bellini, die antike Statue des Nilo in der Via Benedetto Croce, zwei gewaltige Säulen mit korinthischen Kapitellen vor der Fassade von San Paolo Maggiore und hier und dort etwas römisches Ziegelmauerwerk. Verwitterter Barock prägt das Bild im historischen Stadtzentrum. Und doch ist die Antike, ist Malapartes „nie verschüttetes Pompeji" in der neapolitanischen Altstadt auf stupende Weise allgegenwärtig. Das, was heute als *centro antico* zum Weltkulturerbe der UNESCO gehört, war für die griechischen Stadtgründer Neapolis – die neue Stadt. Ihre Vorgängerin, Paläopolis, lag auf dem Hügel des Pizzofalcone. Ausmaß und Bedeutung dieser „Altstadt" liegen noch weitestgehend verborgen im archäologischen Dunkel unter den Fundamenten neapolitanischer Palazzi und üppig mit Stuck verzierten Wohnhäusern des 19. Jahrhunderts, die den Pizzofalcone heute zu einer der bevorzugteren Wohngegenden Neapels machen.

Der Gründungsmythos dieser ersten Stadt ist bezaubernd. Parthenope, eine der an der Amalfiküste beheimateten Sirenen, stürzte sich mit ihren Gefährtinnen ins Meer, nachdem Odysseus dank mit Wachs verstopfter Ohren und zudem an den Mast seines Schiffes gebunden den gefährlichen Sirenengesängen widerstehen konnte. Ihre Leiche wurde an der kleinen Felseninsel Megaris unterhalb des Pizzofalcone angeschwemmt. Die politischen Realitäten vor rund 2700 Jahren erlauben neben dem Mythos noch konkretere Schlussfolgerungen. Um 730 vor Christus betraten griechische Kolonisten aus Euböa zum ersten Mal süditalienisches Festland. Sie gründeten Kyme und Dikaiarchia, heute Cuma und Pozzuoli, und auch, wohl an der Stelle einer kleinen Handelsniederlassung rhodischer Kaufleute, Parthenope. Zum Aufblühen dieser Griechenstädte kam es wahrscheinlich aber erst nach 474 vor Christus, dem Jahr, in dem die nach Süditalien expandierenden Etrusker in einer Seeschlacht vor Cuma endgültig besiegt wurden. Der Glanz der *Magna Graecia*, Großgriechenlands frühe Erfolgsversion einer Globalisierung, ließ die griechischen *poleis* im heutigen Kampanien schnell zu prosperierenden Wirtschafts- und Handelszentren werden. Da Parthenope sich auf dem kleinen Felssporn des Pizzofalcone nicht weiter ausdehnen konnte, wurde nordöstlich der alten Siedlung Neapolis gegründet.

Obwohl im *centro antico* gelegen, verirrt sich kaum ein Neapelbesucher an den Ort, an dem sich die Akropolis und vermutlich auch ein der Parthenope geweihtes Heiligtum befanden. Es geht die Via Atri hinauf, vorbei am Palazzo Filangieri, an dessen Fassade eine Marmortafel an „Volfgango Goethe" erinnert, der hier häufig seinen neapolitanischen Freund Gaetano Filangieri besuchte, bis zum Larghetto San Aniello a Caponapoli. Der Aufstieg zur kleinen Piazzetta kann noch immer verdeutlichen, dass die griechischen Kolonisten sich mit dem Hügel des Caponapoli eine strategisch günstige Lage für die Gründung ihrer neuen Stadt ausgesucht hatten. Gleich neben der Chiesa di San Aniello, die auf den Fundamenten eines griechisch-römischen Tempels steht, hat sich eine Tischlerwerkstatt eingerichtet. Vor ihrem Eingang verläuft, einer mittelgroßen Baugrube ähnlich, ein umgitterter Graben entlang der Straße. Der Blick hinunter führt direkt in die Antike. Zwischen Altpapier, rostigen Dosen, Unkraut und buntem Plastikmüll liegen die Ursprünge Neapels – graue Steinquader der griechischen Stadtmauer, ein Bogen und römisches Ziegelmauerwerk. Unter den antiken Städten, die den Untergang des römischen Imperiums überlebt und als urban belebte Zentren die Neuzeit erreicht haben, ist Neapel einzigartig. Geschichte und Gegenwart vermischen sich hier wie nirgendwo sonst, und im Weichbild des *centro antico* ist das griechisch-römische Neapolis immer präsent. Die Straßenecke, an der Gelsomina ihr Gemüse verkaufte, ist so alt wie die Stadt selbst und Vergil, der Neapel liebte, wird bei seinen Besuchen in der Stadt ohne Zweifel genau hier viele Male entlanggegangen sein.

Die Gründer Neapels, und neben Cumanern waren womöglich auch Athener beteiligt, orientierten sich bei der Anlage ihrer Neustadt an den Lehren des antiken Stadtplaners Hippodamos von Milet und überzogen das von einer Mauer geschützte Areal mit einem System rechtwinklig zueinander verlaufender Straßen. Diese später von den Römern *decumani* genannten Hauptachsen und die sie verbindenden *cardi* als Traversen existieren in Neapels Altstadt nahezu unverändert. Wer eine dieser die Via dei Tribunali mit dem Spaccanapoli verbindenden Gassen betritt, kann vom Zauber dieser unerwarteten Welt schnell überwältigt werden. Ist dieses dörfliche Idyll mitten im Zentrum der verrufensten Metropole Westeuropas wirklich Neapel? Hat Malaparte mit seinem Pompeji-Vergleich vielleicht untertrieben? Und ist das hier das dritte Jahrtausend nach oder doch das erste vor Christus? Ein paar Schritte genügen und der immer tosende Straßenlärm der *decumani* ist nur noch ein fernes Grollen. Dann zwitschern plötzlich Kanarienvögel in ihren Käfigen, Grün wuchert aus allen nur möglichen Gefäßen und Eidechsen huschen über im Sonnenlicht leuchtende Tuffsteinmauern. Eine vom Geräusch der Schritte aufgeweckte Katze blickt mürrisch hoch, während eine alte Frau vor ihrer Basso-Wohnung Wäsche aufhängt. Dieses aus jeder Zeitrechnung gefallene Neapel ähnelt dem des römischen Dichters Publius Papinius Statius, der Ende des ersten nachchristlichen Jahrhunderts in einem reizenden, an seine Frau gerichteten Gedicht die Reize seiner Heimatstadt beschreibt: „Sorgloser Frieden herrscht hier und die Ruhe müß'gen Lebens, und niemals wird die Stille gestört …". Statius' Neapel war eine beschauliche Kleinstadt, die aber trotz ihrer Provinzialität in der römischen Welt allerhöchste Wertschätzung, ja Bewunderung genoss.

Die für alles Griechische so anfälligen Römer machten Neapolis zwar 89 vor Christus zum Municipium, die Stadt aber hatte Privilegien wie kaum eine andere im Imperium und war de facto ein autonomer Stadtstaat im römischen Reich. Die Griechenverliebtheit Roms für die ihrer Metropole am nächsten gelegene Stadt der alten *Magna Graecia* ging so weit, dass Neapel die eigene Verfassung behielt und in Rom beschlossene Gesetze nicht zwangsläufig übernehmen musste. Zwar waren Städte wie Capua, Puteoli, Nuceria, Nola und Pompeji nicht nur größer, sondern vor allem wirtschaftlich bedeutender, doch waren Neapolis – das seine griechische Identität nie aufgegeben hatte – und die Landschaft am Golf bewunderte Sehnsuchtsorte der römischen Aristokratie. Neapel wurde zu einem Weimar der Antike, einer Stadt, in der Kunst, Philosophie und Wissenschaft gediehen wie nirgendwo sonst. Als einzige der größeren Städte des antiken Kampaniens verzichtete das stolze Neapel auf den Bau und den kostspieligen Unterhalt eines Amphitheaters. Neapolis war nicht der Ort für blutige Tier- und Gladiatorenspektakel, umso anspruchsvoller mögen die Aufführungen griechischer Tragödien in den zwei Theatern der Stadt gewesen sein, die auch in Statius' Gedicht Erwähnung finden: „Wie soll ich jetzt noch all die Pracht und Schönheit, die hierorts sich dem Blicke bietet, preisen? Die Tempel und, von zahllosen Säulen gegliedert, die Wandelhallen und den Zwillingsbau des offenen und überdachten Theaters …" In der Via Anticaglia, Teil eines weiteren *decumano* der antiken Stadt und die vielleicht atmosphärischste Straße im *centro antico*, haben sich monumentale Reste dieser Theater aufs Eindrucksvollste erhalten. In nachantiker Zeit zum Steinbruch geworden, wurden in die Theaterruinen später Häuser hineingebaut. Noch heute gibt es hier Wohnungen, durch deren Küchen die Reste antiker Sitzreihen verlaufen. Die Zuschauer vor knapp 2000 Jahren werden allerdings von diesen Stufen aus nicht Neros neapolitanisches Debüt als Sänger erlebt haben. Vermutlich hatte der Imperator für seinen Auftritt als Kitharöde im Jahr 64 nach Christus – Neapel war die erste Station einer Tournee durch die Städte Großgriechenlands – schon wegen der besseren Akustik das kleinere und überdachte Odeion gewählt. In dieser „Singhalle" präsentierte sich der römische Kaiser und trug begleitet von der Kithara eigene Lyrik vor.

Die heutige Via Anticaglia, schmal, düster und dicht bevölkert, gleicht einem grandiosen Trümmerfeld. Hinter dem bröselnden Putz der Häuser ist römisches Ziegelmauerwerk zu erkennen, die schiefen Fassaden werden gestützt von Bögen, die einst das große Theater mit dem Odeion verbanden. Nur ein paar Schritte weiter führt der Vico Cinquesanto hinunter zur Piazza San Gaetano. Dieser Platz ist seit der Gründung Neapels der eigentliche „cuore della città", das Herz der Stadt. Hier befanden sich die griechische Agora und später das römische Forum. Bis zum Ende des 13. Jahrhunderts, als die angiovinischen Könige damit begannen, das alte Neapolis zu ihrer süditalienischen Residenz auszubauen, war die Piazza San Gaetano das politische und wirtschaftliche Zentrum der Stadt. Das allein sind annähernd 1800 Jahre der Kontinuität. Zum Vergleich war Pompejis Forum zum Zeitpunkt der Verschüttung durch den Ausbruch des Vesuvs gerade mal 700 Jahre alt. In seiner langen Geschichte wurde Neapel – abgesehen von den Bombardements des Zweiten Weltkriegs – nie nennenswert zerstört. Der *centro storico* ist seit Bestehen der Stadt ununterbrochen bewohnt. Und auch wenn sich – abgesehen vom antiken Straßennetz – anscheinend so wenig vom griechisch-römischen Neapolis erhalten hat, so ist doch antike Bausubstanz überall im *centro storico* gewärtig. Ein Großteil der Palazzi in der Via dei Tribunali wurden aus Steinquadern des römischen Forums errichtet. Überall finden sich in der Altstadt Überreste antiker Bauwerke. An Straßenecken eingemauerte Säulen mit korinthischen Kapitellen oder, in Hauswände eingelassen, die Basen verlorengegangener Statuen. Der Campanile der Chiesa Santa Maria Maggiore, einziger romanischer Bau der Altstadt, ist geradezu übersät mit Architekturfragmenten aus römischer Zeit, darunter ein weißer Marmorquader mit den eingekratzten Linien eines antiken Brettspiels. Unter der Chiesa di San Lorenzo Maggiore, der schönsten gotischen Kirche Neapels, deren Säulen fast allesamt vom römischen Forum stammen, ist eine komplette Straße der antiken Stadt freigelegt worden. Es ist eines der außerordentlichsten neapolitanischen Erlebnisse, aus dem Gewimmel der Piazza San Gaetano hinunter in die Vergangenheit der Stadt zu steigen.

Auch die Lage der von Statius beschriebenen Tempel lässt sich lokalisieren. An der Stelle von Santa Maria Maggiore hat sich womöglich ein Diana-Tempel befunden; San Paolo Maggiore hingegen war ein den Dioskuren Kastor und Pollux geweihter Podiumstempel, dessen antike Fassade mit gewaltigen korinthischen Säulen erst während mehrerer Erdbeben in den Jahren 1685 und 1688 einstürzte. Anstelle der Chiesa San Gregorio Armeno mit ihrem goldstrotzenden Innenraum befand sich ein Ceres-Tempel. Die römische Göttin des Ackerbaus hat den Ort ihrer Verehrung bis heute nicht wirklich verlassen. Gegenüber der Kirche, und fast immer unsichtbar weil von den Auslagen der Krippenverkäufer verdeckt, ist in eine Hausfassade ein verwittertes Relief eingemauert, das Ceres mit einem Ährenbüschel im Arm zeigt.

Allein Neapels Hauptkirche, der dem Stadtheiligen San Gennaro geweihte Dom, steht wohl nicht wie immer wieder behauptet auf den Trümmern eines antiken Tempels. Für die Vermutung, hier hätte sich ein Apollon-Heiligtum befunden, gibt es keinerlei archäologische Beweise. Dafür haben sich im Domareal Reste einer griechischen Straße und – in nächster Nähe des Baptisteriums – einige vollständig bewahrte Lagerräume aus römischer Zeit erhalten. Die Präsenz der antiken Vergangenheit in der so stürmisch belebten neapolitanischen Altstadt, dieses oszillierende Verschmelzen von Einst und Jetzt, ist auf besonders eindringliche Weise in einem Friseursalon zu erleben. An der Piazza San Domenico Maggiore steht der Palazzo di Sangro di Casacalenda, ein Stadtpalast des 18. Jahrhunderts, an dessen Errichtung neben Mario Gioffredo auch der berühmteste aller neapolitanischen Architekten, Luigi Vanvitelli, beteiligt war. Sie integrierten in den Bau eine schon existierende Kirche, die als vormalige Chiesa della Santa Maria della Rotonda zur Privatkapelle der fürstlichen Bauherrn, der Familie De Sangro, wurde. Als in den 20er Jahren des letzten Jahrhunderts wegen einer notwendigen Verbreiterung der Via Mezzocannone ein Teil des Palazzo niedergerissen wurde, verwandelte sich die ehemalige Kapelle plötzlich in ein Ladengeschäft. Allein das Rund des Lokals erinnert noch immer an La Rotonda. Heute frisiert hier der muntere Barbiere Umberto seine Kunden, und das in einem Raum, der mal eine Kirche und zuvor – das haben archäologische Funde des Jahres 1923 gezeigt – ein römischer Rundtempel war. Ein Stockwerk höher, im *piano nobile* desselben Palazzos, sitzt Augusto de Luzemberger an seinem Schreibtisch mit Panoramablick auf die Piazza und unter einem nicht weniger spektakulären Deckenfresko von Fedele Fischetti. Signor de Luzemberger ist eine kultivierte und vornehm altmodische Erscheinung mit exakt sitzender Fliege und in seinem Salon von Erinnerungsstücken an die bedeutende neapolitanische Geschichte seiner Familie umgeben. Eine seiner vielfältigen Passionen ist die Tätigkeit im „Comitato Centro Antico“, das er gemeinsam mit der Komiteepräsidentin Tiziana Iorio zu einer der effektivsten Privatinitiativen Neapels gemacht hat. Ihrer Arbeit ist es unter anderem zu verdanken, dass sich eine Kommission der UNESCO in Zukunft verstärkt um die Rettung der Altstadt kümmern wird.

Nicht erst seit dem Erdbeben des Jahres 1980 ist der Zustand des *centro antico* katastrophal. Es gibt seit Jahrzehnten geschlossene Kirchen, für – so scheint es – auf immer und ewig eingerüstete Fassaden und unzumutbare Verkehrsverhältnisse in den engen Straßen der Altstadt. Noch fataler ist zudem die Agonie der Politik. 200 Millionen Euro stünden für erste Sanierungs- und Restaurierungsarbeiten zur Verfügung, doch hat es die neapolitanische Stadtverwaltung auch im Jahr 2008 nicht geschafft, ein Konzept zur Sanierung der antiken Altstadt vorzulegen. Allein 70 Millionen sind für die weitere Instandsetzung des Albergo dei Poveri vorgesehen. Der gigantische Bau entstand unter dem Bourbonenkönig Karl III. als Armenhaus und liegt am Rande des *centro storico.* Als rein kosmetische Maßnahme wurde die 354 Meter breite Fassade restauriert, hinter der sich allerdings weiterhin eine Ruine mit 103 000 Quadratmetern Fläche befindet, deren Schönheit Piranesi entzückt hätte.

Um auf Curzio Malapartes Spuren Neapel zu entdecken, empfiehlt sich leider weniger ein nächtlicher Spaziergang durch die „geheimnisvollste Stadt Europas". Aber frühmorgens um fünf liegen auch die Kleinkriminellen im Bett. Möwen ziehen kreischend ihre Bahnen am Himmel und fliegen in Richtung des Archäologischen Nationalmuseums, auf dessen Dach ganze Kolonien von ihnen leben. In der Luft liegt noch der Geruch von verbranntem Holz aus den Öfen der Pizzerien. Schnurgerade wie seit 2500 Jahren ziehen sich die Via Benedetto Croce und die Via San Biagio dei Librai – „Spaccanapoli" genannt und einer der antiken *decumani* – durch die Altstadt. Im Licht der wenigen Straßenlaternen schimmert der Lavastein des Straßenpflasters. Die Statue des Nilo, vor zwei Jahrtausenden von alexandrinischen Kaufleuten aufgestellt, leuchtet marmorweiß. Für die Griechen war Parthenope „die mit dem jungfräulichen Antlitz", doch dieses stille und verlassene Neapel scheint in der zu Ende gehenden Nacht so alt wie die Welt selbst zu sein.

Joachim Fest

Im Gegenlicht. Eine italienische Reise

NEAPEL. Der Taxifahrer, der endlich eintraf, war gleichsam die akademische Spielart des Mannes aus Palermo. Er wurde „il professore" genannt, weil er in früher Jugend die Universität besucht, dann aber, aus familiären Gründen, das Studium hatte abbrechen müssen. Er war ein Zwei-Zentner-Mann, der nur mit Mühe hinter das Steuer seines Wagens kam.

Er bestand darauf, die Unterhaltung auf Englisch zu führen, er hatte es in jungen Jahren, bei einem Aufenthalt in London, gelernt und sprach es im näselnden „very blasé" der britischen Oberklasse, wenn auch durchsetzt von impulsiven Plötzlichkeiten. Er kannte die Straßenecke, an der die berühmte Sängerin, die Verdi so verehrt hatte, mit einem Blutsturz zusammengebrochen war; den Balkon, von dem aus Vittorio Emanuele nach der Einigung Italiens erstmals zum Volk von Neapel gesprochen hatte, das aber sein Piemontesisch kaum verstehen konnte; oder auch die Stelle, wo kürzlich der „König der Taschendiebe" von einem Brüderpaar umgebracht und durch einen Kanalschacht in das Abwässersystem der Stadt versenkt worden war, weil er die Ehre ihrer Schwester beleidigt hatte.

Er fuhr mich zum Grab des Vergil, der, wie er versicherte, der größte Dichter sei, der je gelebt habe, „noch größer als Dante und Goethe". Unmittelbar hinter einem Straßentunnel, den eine Eisenbahnstrecke überquert, lag ein winkliges, von einer Felswand begrenztes Parkstück und in dessen hinterem Teil ein einfaches römisches Familiengrab. Gegen den Verkehrslärm ankämpfend, las der Taxifahrer das berühmte, knappe Epitaph vor: „Mantua me genuit, Calabri rapuere, tenet nunc Parthenope; cecini pascua, rura, duces." Mantua hat mich zur Welt gebracht, Kalabrien ihr entrissen, jetzt hält mich Neapel. Ich besang Hirten, Bauern, große Männer.

Der Ruhm habe Vergil wenig geholfen, meinte der Taxifahrer. Seit Monaten habe er niemanden hierhergefahren. Die vielen Kongresse, wie erst vor wenigen Jahren zum 2000. Todestag, beeindruckten ihn nicht. Das sei nur Professorensache. Vor der Grabstätte lag ein einzelner Kranz. Auf der verblichenen Schleife stand, daß die Region Campanien sich des Dichters erinnere. „Niemand sonst", meinte der Taxifahrer im Abgehen.

NOCH ZUM VORIGEN. Vielleicht hatte er recht. Während er mit seinem Wagen im Verkehrsgewühl verschwand, suchte ich mir auf dem Weg zum Meer Vergilsche Verse zu vergegenwärtigen, die mir irgendwann etwas bedeutet hatten. Es kamen nicht viel mehr als ein paar Zeilen zusammen, eigentlich nur Bruchstücke. Zwar ist jedem der Rang Vergils bewußt und wieviel Bewunderung ihm die lateinisch geprägte Welt immer entgegengebracht hat. Aber warum hatten Horaz und die anderen Dichter des Augusteischen Zeitalters ihm als dem Ersten von allen gehuldigt? Wie kam es, daß die Menge sich erhob, wenn er in Rom das Theater betrat? Fragen, auf die man die Antworten kennt. Aber nur im Wissen, nicht im Gefühl.

Wieder der Vorsatz, dem Zauber Vergils auf die Spur zu kommen. Vielleicht haben die Schwierigkeiten, die er bereitet, mit der Art zu tun, in der man sich ihm seit je in Deutschland zu nähern versucht.

ZUM VORIGEN. Es sind nur drei, keineswegs umfangreiche Werke, denen Vergil seinen Zeitenruhm verdankt: Die „Bucolica", eine Sammlung von zehn Gedichten, die jedoch, anders als der Titel sagt, weit über den Typus des Hirtengedichts hinausgehen und nicht nur Begriff und Idee „Arkadiens" geschaffen, sondern auch, in der berühmten vierten Ekloge [Strophe], nach lange geltender Überlieferung, die Geburt eines Kindes mit der christlichen Deutung der Weltstunde verbunden haben; dann die „Georgica", das Buch vom ländlichen Dasein, das wiederum und geradezu absichtsvoll einen prosaischen Stoff zu wählen schien, weil erst daran die ganze Meisterschaft formaler wie inhaltlicher Entfaltung zu demonstrieren war, und das der Barockdichter John Dryden mit britischer Lakonie „the best poem of the best poet" genannt hat. [...]

NEAPEL. Beim Gang durch die Stadt auch in einigen Kirchen, Santa Brigida, San Domenico Maggiore, San Gregorio Armeno, San Giovanni a Carbonara. Am auffälligsten ist, wenn man aus der turbulenten Enge der Gassen kommt, die verschwenderische Weite der Räume, ihre Reinlichkeit und Stille. Allenfalls das Überladene, festlich Erdrückende der meisten dieser Kirchen, das Nicht-aufhören-Können mit all dem Marmor, Stuck und Gold samt den davorgesetzten Bildern und Figuren, läßt sich mit dem Gewimmel draußen zusammenreimen.

Und dann die Kerzenparaden, kein Fleck bleibt ausgespart, überall Blumengewinde und durchbohrte Herzen, farbige Steine, entblößte Marterstellen, Totenköpfe und tausend andere, verehrungswürdige Niaiserien. Nirgendwo sonst tritt ähnlich stark ins Bewußtsein, daß Neapel eine barocke Stadt ist und dieses Wesen, wenn auch auf eine stillos wüste und vitale Weise, bis auf die Gegenwart bewahrt hat. An den Wänden, in Nischen oder verglasten Schreinen, stehen himmelwärts gerichtete Heiligenfiguren, die frommen Frauen oft mit lang herabfallenden, blonden Haaren und in Schleiern, durch deren Blässe Gesichter voller hektisch geröteter Hingabe schimmern. Fast alle tragen Gewänder aus echtem Brokat, aus Spitzen oder vergilbter Seide und halten zwischen wächsernen Fingerspitzen einen Rosenkranz oder eine Lilie, andere drücken, mehr in Wollust als in irgendeiner reineren Form der Liebe, ein Kreuz gegen die Brust.

In einer der Kirchen hatte sich eine Gruppe älterer Frauen zusammengefunden. Die in anhaltendem Singsang verrichtete Litanei galt offenbar einem Kranken. An einer der Wände neben den Betenden waren Glaskästen angebracht, in denen Hunderte von kleinen, punzierten Platten hingen: in Silberblech gestanzte Beine, Arme, Brüste, Nasen und andere Körperteile, deren Erkrankung durch die Fürbitte eines Heiligen geheilt worden war; daneben waren der Name des Kranken und das Datum der wundersamen Genesung vermerkt. Als wir herankamen, wandten uns die Frauen wie auf ein Zeichen hin die Köpfe zu und verstummten. Erst als die Musterung beendet war, wurde das Gebet im unverändert psalmodierenden Tonfall wieder aufgenommen.

In einer Seitenkapelle lag, schräg gegen den Altar gelehnt, ein Kruzifix mit einem blutüberströmten, in drastischem Realismus ausgeführten Schmerzensmann. Jodice erzählte, die lebensgroße Figur sei erst kürzlich restauriert worden, weil die Wundmale und Passionsschwären den Gläubigen allzu verblaßt erschienen waren und das Grausen nicht mehr verbreiteten, an dem sich die Leidensphantasie erst entzünden kann. Man hatte, um die Sache zu vereinfachen, die Arbeit auf den Stufen des Altars vorgenommen, und während dieser Zeit waren täglich die Kirchenbesucher gekommen und hatten den Gekreuzigten an Haupt und Wunden geküßt. Als man das Kruzifix nach Beendigung der Restaurierung wieder an seinen Platz schaffen wollte, hatte sich die Gemeinde leidenschaftlich widersetzt. Niemand wollte künftig auf den frommen Brauch verzichten.

Auch die Frauen gingen, als sie ihr Gebet beendet hatten, zu der Kapelle hinüber, fielen reihum auf die Knie und bedeckten, unter Anrufungen die Arme in die Höhe werfend, den Mann am Kreuz mit ihren Küssen.

NEAPEL. Der Eindruck andachtsvoller Warenhäuser, den die neapolitanischen Kirchen mit ihrem Devotionalienprunk hervorrufen. Aber P. wollte davon nichts wissen. Der Glaube habe in dieser Gegend das sinnenfeindliche, asketische Element des Christentums nie angenommen und sich viel eher von der gleichnishungrigen Mirakelphantasie des Orients verzaubern lassen. Desgleichen sei das Neuheidentum der Entmythologisierer an den Menschen im Süden vorübergegangen, und selbst der Katechismus und sein dogmatisches Regelwerk lasse sie unbeeindruckt; ihr Christentum komme aus den Legenden, die ihr eigenes Leben widerspiegelten, die Mühsal und die Ängste, die es begleiteten. Und natürlich aus den märchenhaften Erwartungen, die auch ihnen verheißen seien.

P. gab zu, daß solche Vorstellungen schon in Florenz oder Turin fremdartig wirkten und meinte, daß man eigentlich von vielen Christentümern sprechen müsse. In Italien seien es mindestens zwei. Den Unterschied machten schon die Heiligen erkennbar, die hier und dort verehrt würden. Im Norden seien es überwiegend karitative Nothelfer, Verteiler von Armensuppen und Vorbilder menschlicher Hingabe wie Don Bosco, im Süden dagegen Wundertäter wie San Gennaro. Der eine verkörpere den Typus des Samariters, der andere den des Magiers, dort seien es die guten Werke, hier die Zaubermittel, die zum Heil führten. „Wenn der heilige Martin aus Neapel stammte“, setzt er hinzu, „hätte er nicht seinen Mantel geteilt, sondern wäre, wie Prinz Husain von Bischangarh, darauf zum Himmel geflogen, um die Engel zu Hilfe zu holen.“

AM RANDE. Immer wieder verblüfft, mit welcher Menge Aberglauben und unverhohlenem Heidentum sich das Christliche verträgt [...]

NEAPEL. Vor dem Hotel das ins Meer gebaute Castel dell'Ovo, dessen Name mit der Vorstellung vom Zauberer Vergil verbunden ist; er soll es, auf dem felsigen Grund des Meeres, mit einem riesigen Ei verankert haben, das den Bau dank seiner Form gegen alle Stürme und Erdschwankungen im Gleichgewicht hält.

Im Altertum lag an der Stelle eine Sommervilla des Lucullus mit Fischteichen und Gärten, die bis aufs Festland herüberreichten, und fünfhundert Jahre später diente das Anwesen als Exil für den von Odoaker [433 bis vermutlich 493; seit 476 König von Italien] verbannten letzten Caesaren, Romulus Augustulus, mit dem das Imperium aus der Geschichte ging. Auch die Hohenstaufen endeten hier. Auf der inzwischen errichteten Felsenburg verbrachte Konradin [1252; 1268 in Neapel hingerichtet] die Tage vor seiner Hinrichtung.

Dahinter das Meer, das in langen, gleichmäßigen Bewegungen gegen die Küste rollt. Bevor die Wellen an dem grauen, zerklüfteten Tuffblock zerspringen, auf dem das Kastell steht, blinken sie ölig und wie mit einer giftig schillernden Haut überzogen.

Humbert Fink

Das falsche Gold der Hinterhöfe

Was soll ich über Neapel erzählen, über dieses verfaulende Paradies, dessen atemberaubende Schönheit mir seit meiner Kindheit immer unvergeßlich bleiben wird, obgleich ich die Schattenseiten und Perversionen dieser Stadt, die man entweder nur herzzerreißend lieben oder mörderisch hassen kann, so gut kenne! Da wären zum Beispiel die Banden der Halbwüchsigen aus den ärmsten Stadtvierteln hinter der Via Roma und entlang der Spaccanapoli, diese blassen raschfingrigen mageren Kinder, die noch am Anfang ihrer hoffnungslosen Karriere stehen und ein paar Jahre warten müssen, ehe sie das abbrechende Stakkato einer Maschinenpistole oder die düsteren Mysterien eines langjährigen Zuchthausaufenthaltes auf Procida wert sind. Jetzt streunen sie noch wie Wölfe durch den neapolitanischen Dschungel, billige Handlanger der Zigarettenschmuggler, raffinierte Zuhälter, geschickte Diebe und immer auf der Jagd nach einem Fetzen Fleisch, das weiblich sein muß, das weich und warm und weiß sein muß, das irgendwie nach Mama schmeckt und doch fremdartig ist. Da wäre dieses neue Stadion, das achthundert Millionen Lire gekostet hat, diese schrecklichen achthundert Millionen, die für den Bau von neuen Schulen gedacht und bewilligt gewesen waren und die dann der legendäre Achille Lauro in den sporthungrig aufgesperrten Rachen des ebenso törichten wie maßlos eitlen Volkes geworfen hat. Dafür hat es dann die kommunalen Perversionen seines vergötterten Bürgermeisters viele Jahre lang mit frenetischem Applaus bedacht. Auf die neuen Schulen wartet es freilich immer noch. Und die Nachfolger dieses Bürgermeisters, der ein charakteristisches Stück neapolitanischer Geschichte geschrieben hat, würgen verzweifelt an den Problemen, die er hinterlassen hat. Und da wären die jungen Dirnen im Schatten der Via Kennedy, vierzehn-, sechzehnjährige kostspielige Geschöpfe, die nicht selten unter den wohlwollenden Blicken ihrer Eltern ihrer nächtlichen Arbeit nachgehen und die erst nach einem anstrengenden Jahrzehnt für den Hafenstrich oder für die verwahrlosten Straßen draußen in Barra geeignet sind, und die Pfiffe ihrer frühreifen Galane und Einpeitscher schneiden wie Messer durch die warme neapolitanische Nacht. Und da wäre auch dann noch dieser überwältigende Barock einer verfaulenden Stadt, die sich mit ihren schmutzigsten Geheimnissen auf den Jahrmarkt der öffentlichen Eitelkeit wirft und dort lauthals mit ihrer eigenen Schande prahlt. Da wären die Wohnhöhlen der dreitausend Armen von Neapel, diese vielbesungenen und doch so wenig bekannten *bassi*, in denen seit einigen Jahrhunderten schon Tuberkulose und Inzest, gewalttätige Barbarei und Hunger und alle Arten von Verbrechen ihre zerstörerische Herrschaft alltäglich, allnächtlich immer wieder von neuem antreten. Da wäre der Terror der Fleischeslust, verschärft durch bigotte Prüderie, diese neapolitanische Urkrankheit, die jedes geschlechtsreife Geschöpf wie Schüttelfrost überfällt. Da wären dann die unheimlichen Gebärmaschinen! Dieser entsetzliche Kult sinnloser Mütterlichkeit! Diese abscheulichen Variationen sogenannter neapolitanischer Liebe! Und da wären dann auch noch die Kunstfertigkeit und der unerschöpfliche Einfaltsreichtum und die rücksichtslose Brutalität jugendlicher Handtaschendiebe, Mantelaufschlitzer, Autoräuber, Geldbörsenschneider. Und das wertlose Mehl unter der dünnen Heroinschicht.

Und die blinden Verpackungen in den geschmuggelten Zigarettenstangen. Und das eingefärbte Papier in den leeren Kaugummipackungen. Der Ramsch, von dem man lebt. Die Kinder, von denen man buchstäblich aufgefressen wird. Und dieses Neapel, an dem man zugrunde gehen kann.

Ich habe oft schon über Neapel geschrieben, manchmal schon versucht, die absonderliche Widersprüchlichkeit dieser Stadt zu erklären, aber mir fallen immer wieder nur diese alten und abgenützten Worte ein, die mir freilich nicht genügen, wenn ich mein Unbehagen an dieser Stadt und zugleich meine Zuneigung artikulieren will. Es hat Jahrzehnte gedauert, bis ich begriff, daß dieses Gefühl, das mich immer wie ein Fieber überfällt, wenn ich an Neapel denke, etwas mit wütender Sehnsucht zu tun haben könnte. Und ich stelle mir manchmal mit geschlossenen Augen das verletzliche und unheimliche Geflecht der Straßen, Plätze, schmalen Gassen, Hügel und Täler vor, an denen Neapel wie glühendes Weinlaub am Rebenstock sich emporwindet, ein Labyrinth üppiger Fleischlichkeit und zugleich auch ein von Askese und Elend entstelltes Antlitz. Ich sehe die lange prachtvolle Gerade des alten Toledo vor mir, diese ehemalige Prunkstraße des spanischen und bourbonischen Neapel, die sich heute noch mit ihrer schwerfälligen und herabgewohnten Pracht von Capodimonte bis zur Piazza Plebiscito und dem königlichen Palast wälzt, ein strahlendes Ungeheuer, das mit seinen barocken Fassaden und eleganten Schaufenstern die Erbärmlichkeit der dahinterliegenden Quartiere verdeckt. Ich stehe auf der Anhöhe von Sant' Elmo, dessen alter Felsen wie ein Horn über Neapel schwebt, und ich sehe das wahrscheinlich prachtvollste Panorama der Welt vor mir, das sich von dieser Anhöhe wie eine blühende Stadtlandschaft darbietet, die nichts von der Armut und dem Laster verrät, das sie scheinheilig verbirgt. Was für ein großartiger Anblick das doch ist, wenn man weit über den Golf bis hinüber nach Capri und Sorrent diese unnachahmliche Komposition aus aquamarinfarbenem Wasser und sepiabrauner Erde bewundern kann, dieses leuchtende Ziegelrot und protzige Gelb der Gebäude und Kirchen, dieses ebenso melancholische wie vornehme Weiß der öffentlichen Paläste, diese leuchtende Fahne des Himmels, dessen Tuch wie leichte Seide von den unverwechselbaren Konturen des Vesuv und des benachbarten Somma auf die Silhouetten der alten berühmten Vorstädte fällt, die entlang der einstmals legendären *Goldenen Meile* liegen! Und was für ein faszinierender Wirbel des Lebens, der aus der Tiefe machtvoll emporsteigt! Und was für eine sanfte und anmutige Schönheit, die einem aus diesem unvergeßlichen Bild entgegentritt!

Moritz Rinke

Das Theaterwunder von Capri

Der Hinweis kam von einem neapolitanischen Wissenschaftler. Auf einem Theaterkongress, der im Frühling im französischen Saint-Etienne abgehalten wurde, sprach der Wissenschaftler über das italienische Theater, insbesondere über die regionale Verwurzelung des Theaters von Neapel, von Palermo und von Cagliari. Dann, in einem leidenschaftlich vorgetragenen Exkurs, wies er hin auf ein lokales Phänomen, das einmal unübertroffen war an Poesie, Vision und Hoffnung; das capresische Theater. Eingebunden in das felsige Eiland, umgeben vom Blau des Meeres, dem Rot des Abendhimmels und den Rauchschwaden des Vesuvs bei Neapel. Ein bewegender Vortrag. Und der Vortrag hatte etwas so Leuchtendes, etwas so vom Glück getragenes, dass er das Auditorium zurückließ mit der schönsten Verheißung. Theater auf Capri! Es musste ein Theaterwunder auf Capri geben! Und was das Schönste daran schien: Es war keines von denen, die hierzulande so oft mit pompöser Geste ausgerufen und dann Tage danach wieder vergessen werden, sondern es war endlich eines, das einfach da ist. Ich weiß eigentlich gar nichts von Capri, außer dass Capri sehr berühmt ist, es, als ich Kind war, immer ein gleichnamiges Eis aus orangefarbenem Farbstoff gab und dass der Großvater abends auf der Terrasse in Bremen saß und die Schallplatte auflegte: „Wenn bei Capri die rote Sonne im Meer versinkt."

Marina Grande ist der Hafen von Capri. Man sieht einen ungefähr 50 Meter langen und vier Meter breiten Pier, auf dem circa 8000 Menschen mit der Anreise, der Abreise oder einem Tagesausflug beschäftigt sind. Aus den Eisenbäuchen der Dampfschiffe rollen immer mehr hochbepackte Lastautos. In der Mitte des Piers, von der anderen Seite kommend, rollen weitere Lastautos, wackelnde Karren und Dreiräder in Richtung Dampfschiffe dem ankommenden Gepäck entgegen. Dazwischen livrierte Träger, private Taxiunternehmer, Bademeister, Strandkorbvermieter, Hotelwerber, Händler, Kellner mit den aufgeschlagenen Speisekarten. Man könnte jetzt alles sofort gleichzeitig machen: Ein Andenken kaufen, Languste essen, auf Eseln reiten, einen Liegestuhl mieten, die Blaue Grotte besichtigen und sich zu einer romantischen Bucht paddeln lassen. Oder gleich wieder abreisen! Einfach ein Tragflügelboot nehmen und wieder weg. Man wäre einmal auf Capri gewesen, wie lange, das wird nie jemand fragen. Man würde einfach ausführlich davon sprechen, wie viel die Liegestühle kosten und die Esel und was es außer Languste noch so zu essen gibt und dass die Blaue Grotte ungewöhnlich blau ist, was ja wohl stimmen wird. Jeder wäre überzeugt und man selbst ein Capri-Kenner, ohne sich dieses Geschrei und diesen Irrsinn anzutun und dabei auch noch ein Vermögen zurückzulassen. Es wäre also möglich. Aber es geht nicht.

Zehn Minuten später: An einem Informationsschalter kommt es mit einer irgendwie mechanisch sprechenden Frau zum ersten Dialog auf Capri:

Reporter: Teatro?
Frau: Teatro?
Reporter: Si. Il teatro!
Frau: Non teatro!
(eine zunächst erschütternde Information)

Mit der Zahnradbahn, der Funicolare, gelangt man in die Altstadt von Capri und auf die Aussichtsterrasse.

Hunderte von Metern über dem Meeresspiegel und dem Hafen. Jetzt ist es plötzlich herrlich. Rechts im Dunst der ferne Vesuv, unten azurblau das Meer, links Klippen, brausende Brandung und immer noch höhere Felsen, auf denen weiße Villen in der Herbstsonne blinken, umgeben von wildromantischer Flora. Es riecht nach Rosmarin und Oregano. Auf dieser Aussichtsterrasse soll Felix Mendelssohn Bartholdy die Eingebung zu einem Klavierkonzert gekommen sein. Aber das nur nebenbei. Man muss an dieser Stelle endlich erwähnen, dass Capri eine sehr besondere Insel ist. Manche sagen, sie sehe aus wie eine Sphinx oder wie ein Sarkophag. Vielleicht aber sieht sie auch aus wie eine Schlange, die ein großes Schaf verschluckt hat, denn sie ist ein paar Kilometer lang, einen, vielleicht zwei Kilometer breit, aber dafür am höchsten Punkt 600 Meter hoch. Kaiser Tiberius, der von hier aus Rom regierte, liebte diese Insel, da er zeit seines Lebens eine groß angelegte und geheime Attacke gegen sich fürchtete, die aber auf Capri unmöglich war, weil feindliche Flotten niemals geheim und groß angelegt am kleinen Pier im Hafen anreisen konnten und woanders an den steilen Felswänden kläglich zerschellen mussten. Goethe soll vor der Insel einmal in extreme Seenot geraten sein, weil das Segelschiff außer Kontrolle auf eine Felswand zutrieb, worauf sich Goethe ohne Hoffnung in eine Kajüte legte und halb betäubt den finalen Schiffbruch erwartete.

Es ist Abend. Die Piazza Umberto im Mondlicht. Und dann, mit dem Kellner in der Bar Tiberio, der zweite Monolog auf Capri:

Reporter: Teatro?
Kellner: Teatro?
Reporter: Si. Il teatro!
(Schweigen. Und jetzt:)
Kellner: Ah. Teatro Quisisana!

Das Teatro Quisisana, sagte der Kellner, sei in der Via Camerelle, beziehungsweise im Hotel Quisisana. Schon wenn man hineingeht in das Hotel Quisisana, kann man ahnen, dass jetzt irgend etwas schief gelaufen ist. Ältere Amerikanerinnen mit Goldklumpen an den Händen sitzen mit rot oder grün leuchtenden Getränken in einer Lounge und fächern sich apathisch ventilierte Luft in die Gesichter, deren Haut irgendwie so bearbeitet aussieht, als habe man zerknitterte Banknoten unter dem Bügeleisen gestreckt. In Kürze: Das Hotel Quisisana ist ein Luxushotel und bestimmt das luxuriöseste der Welt. An der Rezeption stehend und weit ausholend mein Anliegen erklärend, fällt mir plötzlich auf, dass fünf Rezeptionistinnen die ganze Zeit durch mich hindurchgucken. Ich gehe zurück in meine Pension, ziehe einen Anzug an und stehe wenig später wieder an der Rezeption, diesmal mit der forciert vorgetragenen Forderung „Il Teatro!", gefolgt von den kurzen, ebenso forciert vorgetragenen Schlagwörtern „Poesie! Vision! Hoffnung!" und dem Presseausweis. Signore Morgano erscheint. Signore Morgano ist der Hotelmanager. Er führt vorbei an vier Pools, zwei römischen Dampfbädern, einem Pediküre-Salon, in dem drei Männer den linken Fuß einer Frau bearbeiten. Wir überqueren das Fitness-Laufband und begegnen einem weißuniformierten Tablett-Träger, der eine Zigarre in das Kaminzimmer trägt. Dann stehen wir im Teatro Quisisana. Mitten im Parkett, von wo aus es der neapolitanische Wissenschaftler gesehen hatte. Jetzt sieht man eine Bühne mit einem Piano und fünf Springbrunnen. Sonst nichts. Ich frage nach den derzeitigen Probezeiten, der Theatertechnik, den Räumen der Requisite und der prinzipiellen Arbeitsform des im Ausland so gerühmten Ensembles, worauf Morgano erst kurz seine schwarzen, buschigen Augenbrauen in die Höhe zieht und danach lange und irgendwie innerlich leer auf einen der Springbrunnen starrt. Ich wiederhole meine Frage, auch um jetzt noch einmal den

Aspekt des Wunders zu konkretisieren. Dann plötzlich, ohne mich aussprechen zu lassen, lädt Morgana ein zum Chansonabend mit Pianobegleitung. Chansonabende mit Pianobegleitung, sagt Morgano, gebe es überhaupt das ganze Jahr über im Teatro Quisisana. Auch heute.

Ach. Morganos Großmutter hatte noch Träume. Im Capri-Führer von DuMont kann man lesen, dass sie das frühere, wundervolle Caffè Morgano führte, was sie dann später in Bierstube „Hiddigeigei" umbenannte, weil die Stammgäste ein gleichnamiges Gedicht des Dichters Victor von Scheffel liebten. Im „Hiddigeigei" saßen Rainer Maria Rilke, Gerhart Hauptmann, Jean Paul, Oscar Wilde, Joseph Conrad und Bertolt Brecht vom Berliner Ensemble. Und Winston Churchill und General Eisenhower. Wenn man heute ins „Hiddigeigei" will, steht man in einer Boutique. Fragt man die Verkäuferin nach dem „Hiddigeigei", sagt sie, dass es diese Marke gar nicht gibt. Zurück auf der Piazza. Der Kellner aus der Bar Tiberio schiebt einen Zettel mit dem Namen Enrico Sorrentino herüber. Enrico Sorrentino sei ein capresischer Dramatiker und habe einige seiner Stücke selber aufgeführt. Das habe ihm sein Bruder gesagt. Sorrentino arbeite in einem Souvenir-Geschäft. Allerdings in Anacapri. Nach Anacapri gelangt man mit dem Autobus auf einer wahnwitzigen Straße, an deren Rändern es 400 Meter senkrecht in die Tiefe geht. Souvenir-Geschäfte gibt es in Anacapri Gott sei Dank nur zwölf. Im achten, in der Via San Michele Nummer 60, treffe ich am nächsten Tag auf Enrico Sorrentino. Sorrentino ist sehr erstaunt. Ich erkläre, dass der Bruder des Tiberio-Kellners aus Capri gesagt hatte, er, also Enrico Sorrentino, sei capresischer Dramatiker und habe einige seiner Stücke selber aufgeführt. Sorrentino verneint. Er sei Korallenverkäufer, er habe besonders schöne blaue Korallen aus der Blauen Grotte und ob ich denn die Blaue Grotte schon gesehen hätte. Ich verneine und frage, wieso er denn Korallenverkäufer ist und nicht capresischer Dramatiker und wieso es denn auf so einer kleinen Insel zu einem so großen Missverständnis kommen könne. Wahrscheinlich sei es so, erklärt Sorrentino: Zwischen Capri und Anacapri gibt es seit Jahrhunderten eine schlimme Feindschaft, man stritt sich um Weiderechte, Fischereirechte, Verwaltungsrechte, neuerdings massiv um die Nutzungsrechte der Blauen Grotte. Da die anacapresischen Männer früher im Winter in den Werften von Neapel arbeiteten, machten sich die Männer aus Capri über die schutzlosen anacapresischen Ehefrauen her. Solch einen Fall habe es auch in der Familie Sorrentino und der Familie Imbriani gegeben, aus welcher der Kellner der Tiberio-Bar und sein Bruder stammten. Einer seiner Vorfahren Sorrentino habe daraufhin einen der Vorfahren Imbriani bei einer kirchlichen Prozession von einer Anhöhe herab tragisch mit einem Stein am Kopf getroffen. Seitdem bekämpfen sich die Familien hartnäckig, wobei man in der letzten Generation eher zu spielerischen Verhöhnungen übergegangen sei. Und jetzt sei es an ihm, sich für den „capresischen Dramatiker" einen Gegenzug auszudenken.

Die Blaue Grotte. Sorrentino hatte mich am Vormittag des dritten Tages in die Blaue Grotte gebeten, die man von Marina Grande mit einem Motorboot erreichen kann. Sorrentino, der selbst nicht vor Ort sein konnte, hatte gesagt, dass ich dort nach dem Grottenführer Luciano Pelliccia fragen sollte. Pelliccia sei Regisseur, Dramatiker und Grottenführer in einer Person, vorwiegend in den Wintermonaten. Vor sieben Jahren habe er seinen vom neapolitanischen Theater inspirierten Erstling selbst inszeniert. Der Titel lautete: „Der Sohn von meiner Mutter Schwester." Vor der Blauen Grotte herrscht ein großes Chaos. Etwa 400 Touristen steigen von Motorbooten auf kleine Ruderboote um, die dann zu mehreren gesonderten Zahlungsstellen gerudert werden, welche sich auch auf dem Wasser befinden. Ohne dass ich innerlich vorbereitet bin, greift irgendein Grottenführer plötzlich zu einer Kette, die in ein kleines Loch in der Felswand führt, und dann wird man hineingezogen in die berühmte Blaue Grotte. Die Blaue Grotte wurde 1826 vom schlesischen Dichter August Kopisch schwimmend wiederentdeckt. Davor soll hier der Kaiser Tiberius durch einen Geheimgang aus seiner Villa gekommen sein, um sich beim Baden junger Knaben und Mädchen am blauumperlten Gliederspiel zu ergötzen, selbst mitzubaden und danach die Knaben im azurblauen Wasser zu morden. Kopisch beschrieb dieses Blau als „flammendes Blau", Felix Mendelssohn Bartholdy als „blendendstes Blau, das ich je gesehen habe", der Dichter Wilhelm Waiblinger berichtete von einem „zauberischen Phosphorblau" und Oskar Loerke vom „Indigoblau". Ich selber finde die Blaue Grotte überhaupt nicht blau. Ich protestiere gegen die Blaue Grotte! Sie ist braun! Vielleicht auch schwarz, auf jeden Fall dreckig. Man wird einfach in die Grotte gezogen, und nach drei Sekunden singen etwa 25 Grottenführer gleichzeitig und trinkgelderpicht unterschiedliche Chansons, ohne Pianobegleitung. Ich versuche in die verschiedenen, durch den starken Widerhall noch einmal multiplizierten Chanson-Darbietungen meine Frage hineinzurufen, wer denn hier Pelliccia sei, der Grottenführer Luciano Pelliccia, der das Drama schrieb „Der Sohn von meiner Mutter Schwester", doch niemand hört es. Nach zwei Minuten ist man wieder draußen. Rein. Raus. Das war die Blaue Grotte.

Stunden später. Ich entschließe mich, abgesehen von der missglückten Entdeckung des Teatro Quisisana, auch die Recherchespur Tiberiokellner-Sorrentino-Pelliccia abzubrechen, zum einen, weil ich mich maßlos über die Blaue Grotte ärgerte, zum anderen, weil ich nicht noch weiter in die gefährliche Familienfehde der Sorrentinos und Imbrianis geraten will. Deshalb sitze ich am Abend nicht in der Bar Tiberio, sondern nebenan, im Gran Caffè.

Morgen werde ich zu einem Leuchtturm fahren. Ich habe einmal von einem Theaterwunder gelesen, das sich um einen portugiesischen Leuchtturm herum ereignete. Das Publikum saß am höchsten Punkt des Turmes und sah herunter auf das Meer davor, in den weißen Sand und auf die Felsvorsprünge und Klippen, wo überall entfesselte Schauspieler, losgelöst vom überkommenen Guckkastensystem, segelten, trommelten und im Sand magische Welten schufen. Alle standen dabei mit allen in ständiger Beziehung und Durchdringung. Man erzählte die alte wunderbare Geschichte von dem einsamen Inselherrscher, dem man Unrecht angetan hatte, der aber plötzlich seinen Feinden, die durch einen Zufall auf sein Eiland geraten waren, Frieden, Feste und seine junge Tochter schenkte. Es war ein Theater der Hoffnung, der Poesie und bestimmt auch endlich ein Theater mit einer Vision.

Mittlerweile ist auf der kleinen rechteckigen Piazza irgendetwas im Gange. Aus vier verschiedenen Richtungen laufen unentwegt Frauen auf die Piazza. Eine Frau in einem enganliegenden, grell-orangefarbenem Kleid hat eine ähnliche frappierende Anziehungskraft wie früher das besagte Capri-Eis. Eine ältere Dame trägt eine Bluse, bestickt mit einem goldenen Tiger, der ein Halsband hat, das aus bläulichen Korallen zu bestehen scheint und sich quasi als Tigerleine frei schwebend bis zur Schulter der Dame hinauf verlängert. Überhaupt steht hier alles im Einklang. Wo man hinguckt: Die Schuhschnalle passt zum Gürtel, der Gürtel korrespondiert mit dem Ohrklipp, der Ohrklipp mit der Handtasche, die wiederum mit der Schuhschnalle und die Tigerbluse ja sowieso mit der trickreichen, korallenreichen Tigerleine, bestimmt aus der Blauen Grotte. Kurz: Der heutige Capri-Gast tritt auf mit seiner Ausstattung in das rechteckige Karree, bleibt in der Mitte stehen, streift mit einem gezielten Blick die restliche Menge, die um die Piazza herum von den Caffèstühlen aus unentwegt in die Mitte starrt. Dann tritt der Capri-Gast ab und nach fünf Minuten wieder über die Freitreppe auf. Spricht man eine der Frauen einmal klassisch an mit „Buona sera, Signorina!“ oder „O Dio, che donna!“, dann ist es ein bisschen so wie mit den Rezeptionistinnen im Hotel Quisisana: Es passiert überhaupt nichts, und dies hinterlässt eine merkwürdig gemischte Stimmung. Einerseits wirkt der weibliche Capri-Gast so anziehend wie das Capri-Eis, aber andererseits so undurchdringbar wie die Felswände von Capri für jede sich nähernde Flotte. Ich bin vom Thema abgekommen.

Flucht in das Antiquariat „La Conchiglia“ (Die Muschel) in der Via Camerelle. Ohne Umschweife gestehe ich, dass ich folgendes suche; Poesie! Vision! Hoffnung! Auf italienisch: Poesia! Visione! Speranza! Die Antiquariatsdame reicht das Buch „Capri, Magische Insel“ von Werner Helwig. Danach frage ich: „Il teatro?“ – und sie sagt einfach: „Si, no problema.“ Den Namen der Gruppe wisse sie nicht, aber der Direktor heiße Costanzo Catuogno. Aus Anacapri!

Costanzo Catuognos gibt es im Telefonbuch zwei. Einen in der Via Boffe in Anacapri, einen in der Via Botteghe in Capri. Ja, ich solle in die Badeanstalt Smeraldo kommen am Hafen Marina Grande. Ob er wirklich Theaterdirektor sei? Ja, sein Konzept sei dem neapolitanischen Theater angelehnt, das jetzige Projekt heiße „La Cantata dei Pastori“ – „Die Gesänge der Priester“. Ob er denn Luciano Pelliccia und seinen Erstling „Der Sohn von meiner Mutter Schwester“ kenne und ob es vielleicht einen Leuchtturm in der Nähe gebe? Ja, aber zwischen der Gruppe von Pelliccia aus Anacapri und seiner Gruppe aus Capri gebe es eine lange und offene Feindschaft, auch um die ästhetische Vorherrschaft, weil beide Gruppen in der Tradition von Eduardo Scarpetta arbeiten würden, dem neapolitanischen Wegbereiter von Eduardo Filippo. Ich fahre sofort mit der Zahnradbahn hinunter zum Hafen, zur Marina Grande.

Costanzo Catuogno sitzt mit graumeliertem Haar in der Badeanstalt Smeraldo an der Tageskasse. Ich bleibe eine Stunde, und in dieser Stunde wechseln wir drei Sätze. Die Gruppe habe seit acht Jahren pausiert, aber es sei die Überzeugung aller, dass man weitermachen wolle. Den Rest der Zeit ist Catuogno damit beschäftigt, Snacks, Erfrischungsgetränke, Luftmatratzen und Badehandtücher abzurechnen und hysterische Touristen mit einem bald frei werdenden Liegestuhl zu besänftigen. Er kann keinen Satz zu Ende sprechen. Einmal hatte er noch kurz angedeutet, Capri sei wie eine Garnele, deren Panzerteile von außen immer zertrümmert würden. Dann mußte er eine Sonnencreme abrechnen. Es tat ihm leid. Ich solle im Winter wiederkommen.

Am fünften Tag. Ich sitze auf dem Leuchtturm Lido del Faro im Wind. Das Meer. Die Klippen. Der Sand. Plötzlich denke ich, wie hier vielleicht einmal der Theaterdirektor Costanzo Catuogno etwas Großes in Szene setzte. Zusammen mit seinem eigentlichen Feind Luciano Pelliccia! Es war ein Theater, in dem Schauspieler aus Capri und Schauspieler aus Anacapri alle zusammen in einer Koproduktion segelten, trommelten und im Sand magische Welten schufen und dabei alle in ständiger Beziehung und Durchdringung standen und danach anacapresische Töchter capresische Söhne heirateten und umgekehrt. Es war wunderbar.

Mit auf dem Leuchtturm sitzt jetzt auf einmal eine rheinland-pfälzische Reisegruppe, deren Mitglieder sich abwechselnd vor dem Panorama ablichten lassen und dabei etwas vom Picknick essen. Plötzlich herrscht eine Schwere über der Welt, so als ob gleich der ganze Leuchtturm in sich zusammenbrechen und alles und auch die Träume in die Tiefe reißen würde. Ich bestelle unten eine Garnele und denke dabei plötzlich dies: Vielleicht gibt es überhaupt kein Theater auf Capri.

Der sechste Tag: In dem Buch „Capri, Magische Insel", den wunderbaren Capri-Notizen von Werner

Helwig, welche die Antiquariatsdame für 45 Mark angeboten hatte, porträtiert er den deutschen Einsiedler Willy Kluck. Willy Kluck lebte über dem brausenden Migliara-Abgrund Anacapris in einem kleinen quadratischen Haus, genannt „Einsamkeitswürfel". In diesem Einsamkeitswürfel entwarf Willy Kluck eine „zeitlose Selbstverwirklichungslehre", die, ausgehend von der „Schöpferischen Indifferenz" des Neukantianers Salomo Friedländer, die Welt retten sollte. Willy Kluck war der Meinung, die Welt sei wahnsinnig geworden und dass nur die absolute Bündelung des Individuellen eine Rettung möglich mache. Er war sich sicher, dass auch Capri wahnsinnig geworden war und dass seine Tür zum Einsamkeitswürfel die einzige Pforte sei, die aus dem Irrenhaus der Welt herausführe in den Ort des Friedens. Mir war diese Theorie nach den bisherigen Capri-Tagen sofort sympathisch.

Drei Stunden später. Nach einer langen Wanderung mit Seilbahnfahrt, genau am Rande des tosenden Migliara-Abgrundes, unter dem sich das Meer weit öffnet bis zum Horizont, und ganz versteckt zwischen hochgewachsenen Sträuchern: Willy Klucks Einsamkeitswürfel, in dem heute eine Kuh lebt. Und dann, am Ende von Capri, sitzend jetzt auf dem Würfel, diesem einsamen Ort des Weltfriedens, plötzlich dies: Poesie. Und Hoffnung. Alles stand jetzt mit einem Mal in einer magischen Beziehung und Durchdringung: das Meer, der brausende Abgrund, die Klippen, Klucks friedlicher Würfel, die Kuh, die Insel, das Glück und auch der Traum von meinem Teatro. Ich glaube, es war die Vision, von der jener neapolitanische Wissenschaftler gesprochen hatte. Morgen ist der siebente Tag. Morgen will ich noch einmal in die Blaue Grotte fahren, um den Grottenführer Luciano Pelliccia zu suchen, der das Drama schrieb „Der Sohn von meiner Mutter Schwester". Und dann werde ich morgen das Theater von Capri finden. Und wenn ich es nicht finden kann, dann gründe ich es.

Truman Capote
Ischia

Ich weiß nicht mehr, warum ich überhaupt hier bin: Ischia. Irgendwann redeten die Leute nur noch über Ischia, auch wenn die wenigsten diese Insel tatsächlich gesehen hatten oder höchstens von der bekannteren Nachbarinsel Capri aus, als gezackten blauen Schatten über dem Horizont. Einige rieten auch deutlich von Ischia ab, und die Gründe hörten sich in der Tat unheimlich an. Ob mir klar sei, dass ich dort auf einem aktiven Vulkan säße? Oder ob ich von der abgestürzten Linienmaschine von Kairo nach Rom gehört hätte, von der es nicht einmal die drei Überlebenden geschafft hätten, denn die seien von plündernden Ziegenhirten gesteinigt worden.

Von daher sahen wir die kalkweißen Fassaden von Neapel mit sehr gemischten Gefühlen im Meer versinken. Es war ein Tag von klassischer Bläue, ein bisschen frisch vielleicht für März in Süditalien, aber mit einem gewaltigen Himmel, und unser Schiff, die Principessa, sprang über die Wellen wie ein ausgelassener Delfin. Es war ein kleines, sehr zivilisiert ausgestattetes Schiff mit einer winzigen Bar. Ungewöhnlicher waren schon die Passagiere, Häftlinge für die Gefängnisinsel Procida und, ein anderes Extrem, junge Männer, die in das Kloster von Ischia eintreten wollten. Natürlich gab es auch weniger dramatische Reisende, Insulaner, die in Neapel zum Einkaufen waren, und hin und wieder ein Ausländer, denn der große Touristenmagnet ist immer noch Capri.

Inseln sind wie Schiffe, die permanent vor Anker gegangen sind. Das ist jedenfalls das Gefühl, wenn man über die Gangway an Land geht, ein angenehm schwimmender Zustand. Nichts Böses oder Hässliches, denkt man, wird einem hier widerfahren. Schon als die Principessa in die Hafenbucht von Porto d'Ischia einlief und wir die blässlich blätternden Eiscremefarben der Häuser an der Uferstraße sahen, fühlten wir uns eigenartig zu Hause. Allerdings fiel mir in der Hektik des Aussteigens die Uhr runter und ging kaputt, was mir als symbolhaftes Geschehnis schon fast übertrieben vorkam. Offensichtlich war Ischia nicht der Ort, an dem es auf einzelne Stunden ankam, Inseln sind das nie.

Man könnte Porto als die Hauptstadt von Ischia bezeichnen, zumindest ist sie die größte und mondänste. Die meisten Besucher kommen nie über Porto hinaus, denn dort sind die guten Hotels, die guten Strände und – wie ein gigantischer Habicht auf einem vorgelagerten Felsen – das Renaissancekastell von Vittoria Colonna. Die anderen Städte sind eher ländlich geprägt, Lacco Ameno, Casamicciola und, ganz im Westen, Forio. Dorthin wollten wir.

Wir fuhren durch die grüne Dämmerung, unter einem Himmel, in dem bereits die ersten Sterne aufgegangen waren. Die Straße verlief hoch über dem Meer, wo die mit Fackeln erleuchteten Fischerboote im Wasser lagen wie glitzernde Wasserspinnen. Kleine, pelzige Fledermäuse jagten durch das Zwielicht. *Buena séra, buena séra*, riefen Stimmen am Straßenrand, und die Ziegenherden blökten dazu wie rostige Flöten. Die Kutsche schlängelte sich über einen Dorfplatz. Es gab keinen Strom, nur flackernde Kerzen und Petroleumlampen, die in die Gesichter der männlichen Gästeschaft blakten. Zwei Kinder liefen uns bis in die Dunkelheit hinter der Dorfgrenze nach. Sie hielten sich keuchend an der Kutsche fest, als diese ihren steilen, gefährlich krängenden Aufstieg begann und unser Pferd in der kühlen Luft dampfend dem Gipfel entgegenschnaufte. Der Kutscher knallte mit der Peitsche, das Pferd schwankte, und die Kinder zeigten mit dem Finger in die Ferne: Schau, da lag es, mondweiß in der Entfernung und ringsum das gischtende Meer. Das schwache Läuten von Vesperglocken erhob sich in die Luft wie ein Schwarm Vögel. *Multo bella?*, fragte der Kutscher. *Multo bella?*, fragten die Kinder.

Wenn man ein Tagebuch noch einmal durchliest, dann meistens die weniger ehrgeizigen Eintragungen, jene beiläufigen Zufallsnotizen, die jedoch immer eine tiefe Furche durch die Erinnerung ziehen. Zum Beispiel: „Heute hat Gioconda diese Buntpapierstreifen in meinem Zimmer hinterlassen. Ein Geschenk? Ein Dankeschön für das Parfum, das ich ihr mitgebracht habe? Auf jeden Fall sind es schöne Lesezeichen.“ So etwas klingt nach und weckt weitere Erinnerungen. Zuerst einmal: Gioconda. Ein schönes Mädchen, auch wenn ihre Schönheit stimmungsabhängig ist. Wenn sie schlechte Laune hat, was leider viel zu oft der Fall ist, sieht sie aus wie ein Napf kalter Haferschleim, und man vergisst ihr volles Haar und ihre freundlichen mediterranen Augen. Keine Frage, sie ist überarbeitet hier in dieser *pensione*, wo sie als Zimmermädchen und Kellnerin tätig ist. Sie muss vor Sonnenaufgang aus dem Bett und ist oft erst gegen Mitternacht fertig. Dabei kann sie noch von Glück reden, denn die Arbeitslosigkeit ist das Hauptproblem auf dieser Insel. Viele Mädchen würden ihren Job nur zu gern übernehmen. In Anbetracht dessen, dass es kein fließendes Wasser gibt (mit allen Folgen, die sich daraus ergeben), sorgt Gioconda für einen bemerkenswerten Komfort. Es ist mit Abstand die beste *pensione* in Forio und trotzdem geradezu ein Schnäppchen. Wir haben zwei geräumige Zimmer mit Terracottaboden und hohen Flügeltüren, die auf kleine schmiedeeiserne Balkone hinausgehen, von denen man einen wunderschönen Blick aufs Meer hat. Das Essen ist gut und mehr als reichlich, mittags wie abends fünf Gänge mit Wein. Alles zusammen kostet pro Monat gerade einmal hundert Dollar. Gioconda spricht kein Englisch, und mein Italienisch ist … na ja, lassen wir das. Trotzdem verstehen wir uns. Mit Händen und Füßen und unter häufiger Zuhilfenahme eines zweisprachigen Lexikons klappt die Kommunikation erstaunlich gut. Unsere Plätzchen gelingen aber trotzdem nicht. An grauen Tagen, wenn sonst nichts anderes zu tun ist, sitzen wir am Herd im Hof und probieren Rezepte für amerikanische Plätzchen aus („Toll House, was ist? Chocolate Chips, was ist?"). Von Erfolg gekrönt sind unsere Bemühungen nicht, weil wir so oft im Lexikon nachschauen müssen, dass wir die eigentliche Zubereitung vernachlässigen. Gioconda: „Letzte Jahr in das Zimmer, wo du bist, da war ein Mann von Rom. Ist Rom so schön wie sagt? Er sagt, ich komme nach Rom und besuche ihn. Ist okay, weil er ist Veteran von drei Kriege. Erster Weltkrieg, zweiter und Äthiopien. Du siehst, wie alt er war. Nein, war noch nie in Rom. Ich habe Freunde, die waren. Haben geschickt Postkarte. Kennst du die Frau in *posta*? Natürlich du glaubst an böse Blick? Sie hat einen. Alle wissen. Darum kommt kein Brief aus Argentinien."

Der ausbleibende Brief aus Argentinien ist die tiefere Ursache von Giocondas ganzem Elend. Steckt ein treuloser Liebhaber dahinter? Ich weiß es nicht, sie spricht nicht darüber. So viele junge Italiener sind auf der Suche nach Arbeit schon nach Südamerika ausgewandert. Es gibt hier Frauen, die warten seit fünf Jahren darauf, dass ihr Mann ihnen das Geld für die Schiffspassage schickt. Jeden Tag, wenn ich die Post bringe, kommt mir Gioconda schon entgegen.

Ich mache mich nämlich nützlich und hole jeden Morgen die Post ab. Bei dieser Gelegenheit treffe ich meistens zum ersten Mal am Tag auf meine amerikanischen Landsleute. Zurzeit halten sich vier Amerikaner in Forio auf, und wir treffen uns regelmäßig im Café von Maria auf der Piazza (Aus meinem Tagebuch: „Wir alle wissen natürlich, dass Maria die Getränke streckt. Wir wollen bloß hoffen, dass sie sie mit Wasser verdünnt. Gott, so schlecht habe ich mich selten gefühlt!“). Dennoch gibt es keinen schöneren Ort als Marias Café, um auf den Postboten zu warten. Man sitzt in der warmen Sonne, die Bambusvorhänge klimpern friedlich in der Brise … Maria selbst ist eine wortkarge Frau mit Zigeunergesicht und einem zynisch-achselzuckenden Wesen. Aber was immer man benötigt, von einem Haus bis hin zu amerikanischen Zigaretten, bei ihr ist man immer richtig, sie kann alles beschaffen. Manche Leute behaupten, sie sei der reichste Einwohner von Forio. In ihrem Café sind nie Frauen zu sehen, ich bezweifle, dass sie Frauen dulden würde. Gegen Mittag versammelt sich das ganze Dorf auf der Piazza. In ihren Holzpantinen und schwarzen Umhängen sehen die Schulkinder aus wie Amseln, wenn sie singend durch die Straßen laufen. Gruppen von arbeitslosen Männern lungern unter den Bäumen und lachen rau – und vorbeigehende Frauen senken den Blick. Wenn der Postbote kommt, gibt er mir die Post für die ganze *pensione*, dann steht mir ein schwerer Gang bevor. Ich muss den Hügel hinunter und Gioconda vor Augen treten. Manchmal sieht sie mich an, als wäre es meine Schuld, dass der Brief nie kommt – oder als hätte *ich* den bösen Blick. Einmal drohte sie mir regelrecht, falls ich mit leeren Händen zurückkäme, deshalb kaufte ich ihr ein Parfum.

Aber die Streifen Buntpapier in meinem Zimmer sind entgegen meiner Vermutung kein Dankeschön, sondern Konfetti-Ersatz für die Statue der Jungfrau. Die Jungfrau Maria war nämlich jüngst auf der Insel gelandet und wurde nun in feierlicher Prozession durch jedes Dorf getragen. Am großen Tag war jeder

Balkon im Ort mit Spitzenbändern und feinem Leinenzeug geschmückt. Wer nichts Besseres hatte, behalf sich mit einem alten Bettlaken. Blumengirlanden überspannten die überfüllten Straßen, alte Frauen holten ihre längsten Schals heraus, Männer kämmten sich den Schnurrbart. Jemand hatte sogar dem Dorftrottel ein sauberes Hemd angezogen, und die Kinder, ganz in Weiß, waren mit Engelsflügeln aus Goldpappe bestückt. Die Prozession wurde für vier Uhr nachmittags erwartet und sollte direkt unter unserem Balkon entlangführen. Aufgescheucht von Gioconda, waren wir pünktlich auf unserem Posten, bereit, das Buntpapier zu schmeißen und zu rufen „Viva la Vergine Immaculata“. Es fing an zu nieseln, und um sechs brach die Dämmerung herein, doch die gedrängt wartende Menge rührte sich nicht von der Stelle. Ein sichtlich angekratzter Priester knatterte mit fliegender Soutane auf einem Moped davon, er sollte der Prozession Beine machen. Schließlich war es Nacht, und entlang des Prozessionswegs wurde mit Petroleum eine Leuchtspur vorbereitet. Plötzlich und für mich eher unpassend, ertönte das Tschingderassa einer Militärkapelle, und mit beängstigendem Prasseln entzündete sich die Petroleumbefeuerung, um die Jungfrau willkommen zu heißen. Schwarz verschleiert und mit einem Gefolge so groß wie die halbe Insel, war sie über und über mit Gold- und Silberuhren behängt. Und als sie vorbeizog, legte sich angesichts ihrer Gegenwart ehrfürchtiges Schweigen über die Menge, allenfalls das surrealistische Geräusch der Opfergaben war noch zu hören: *ticktickt ick*. Später war Gioconda sauer, dass wir das Buntpapier noch in der Hand hielten, das wir in der Aufregung ganz vergessen hatten.

„5.April. Ein langer, gefahrvoller Spaziergang. Aber wir haben einen neuen Strand entdeckt.“ Ischia ist steinig, ein nacktes Land, bei dem man unwillkürlich an Griechenland oder Nordafrika denkt. Es gibt

Orangen- und Zitronenbäume und – in Terrassen angelegt – auch silbergrüne Weinberge. Der Wein aus Ischia hat einen exzellenten Ruf, von hierher kommen unter anderem die Lacrimae Christi. Schon kurz hinter der Stadt geht es in die Weinberge mit ihren Wolken von Bienen und den grellgrünen Eidechsen auf den jungen Blättern. Die Bauern sind dunkelhäutig, eine Haut so dick wie Steingut, und wie bei Seeleuten schweift ihr Blick immer in die Ferne. Das Meer ist ihnen nie fern. Der Pfad am Meer entlang führt über steil abfallende vulkanische Kliffs, und es gibt Stellen, an denen macht man am besten die Augen zu. Ein Sturz in die Tiefe würde ein ganzes Weilchen dauern, und die Felsen unten gleichen schlafenden Dinosauriern. Einmal fanden wir oben auf dem Kliff eine Mohnblume, dann noch eine. Sie wuchsen zwischen den schwarzen Steinen, blieben aber für sich wie Glocken an einem chinesischen Glockenspiel. Auf einmal führte uns der Mohnblumenpfad hinab an einen versteckten Strand. Er war von allen Seiten von Klippen umschlossen, und das Wasser war so klar, dass man die Seepflanzen und die schnellenden Fische sehen konnte. Nicht weit im Meer befanden sich flache Felsen, die wie Flöße aussahen. Wir wateten von einem zum anderen und legten uns in die Sonne. Von dort aus konnten wir die Klippen sehen und die grünen Weinterrassen und einen wolkenverhangenen Berg. In einen Felsen hatte das Meer einen Sitz gewaschen, und es war das größte Vergnügen, sich dort hinzusetzen und sich von den Wellen überspülen zu lassen.

Es ist also nicht schwer, auf Ischia einen Strand zu finden, an dem man ganz allein ist. Ich kenne mindestens drei, an denen nie eine Menschenseele zu sehen ist. Auf dem Strand von Forio liegen Fischernetze und umgedrehte Boote. […]

„5. Juni. Der Nachmittag ist eine weiße Mitternacht." Jetzt in der Hitze gleichen die Nachmittage einer gleißenden Mitternacht. Die Fensterläden sind geschlossen, Schlaf geistert durch die Straßen. Um fünf machen die Geschäfte wieder auf, am Hafen wird sich eine Menschenmenge versammeln, um die Principessa zu begrüßen, danach promeniert man auf der Piazza, wo immer jemand Banjo, Ziehharmonika oder Gitarre spielt. Doch jetzt ist Siesta, und es gibt nur diesen blauen, wolkenlosen Himmel und das Krähen eines Hahns. Die beiden Dorftrottel sind Freunde. Einer trägt immer einen Blumenstrauß mit sich herum, den er brüderlich mit seinem Kollegen teilt, wenn er ihn trifft. An den stillen, schattenlosen Nachmittagen sieht man nur sie auf der Straße. Hand in Hand und mit ihren Blumensträußen gehen sie über den Strand und weiter über den Steindamm, der weit ins Meer reicht. Von meinem Balkon aus kann ich sie sehen. Sie sitzen zwischen den Fischernetzen und den schaukelnden Booten, und auf ihren kahlrasierten Köpfen glänzt die Sonne. Ihre Augen sind blass wie der leere Raum. Die weiße Mitternacht ist ihre Stunde, dann gehört die Insel allein ihnen.

Den Frühling haben wir hinter uns. In den vier Monaten seit unserer Ankunft sind die Nächte warm geworden, und das Meer ist nicht mehr so rau. Das grüne, noch winterliche Wasser im März färbt sich im Juni blau, und an den ehedem grauen dürren Rebstöcken hängen die ersten dicken Trauben. Die Insel ist ein Paradies für Schmetterlinge, und selbst die Berge bieten den Bienen viele süße Sachen. Nach einem Regenguss kann man förmlich hören, wie im Garten die nächsten Knospen aufbrechen. Woran man den Sommer erkennt: Man steht früher auf und bleibt abends länger draußen. Man will eigentlich gar nicht ins Haus zurück. Der Mond scheint näher über der Erde zu schweben und spiegelt sich auf dem Wasser mit erschreckender Helligkeit. Auf der Brüstung der Fischerkirche, die wie der Bug eines Schiffes aufs Meer weist, wandeln junge Leute und unterhalten sich flüsternd. Später verschwinden sie über die Piazza in irgendeinen heimlichen Winkel. Gioconda sagt, sie habe noch nie einen so langen Frühling erlebt. Und je länger desto schöner.

Gabriella Vitiello
Hauptarbeitgeber Camorra

02.02.2005. „Dieser Ort ist ein Zeichen dafür, dass sich etwas ändert." Die beiden ehrenamtlichen Hausmeister Gennaro und Franco stehen in der Wohnung des ehemaligen Camorra-Bosses Luigino Giuliano. Vor wenigen Jahren noch residierte Giuliano mit seiner Familie auf 150 Quadratmeter im obersten Stockwerk eines Palazzos im Stadtteil La Forcella und herrschte über das Viertel sowie Teile der neapolitanischen Altstadt. Sein derzeitiges Domizil ist bescheidener: Er sitzt im Gefängnis. Die Staatsanwaltschaft hat seine Wohnung beschlagnahmt, die Erben enteignet und den Besitz der Öffentlichkeit übergeben. Die geschmacklose Einrichtung ist nur noch in Spuren sichtbar. Die Zimmer mit Bädern in Gold, Rosa und Schwarz und die riesige Dachterrasse stehen jetzt den Kindern und Jugendlichen des Viertels zur Verfügung. Die anrüchige Badewanne, zu der drei glitzernde Stufen hochführen, wollen Gennaro und Franco, die bei der Renovierung der Wohnung die Bedürfnisse der neuen Nutzer berücksichtigen, noch abdecken. „Das ist nichts für die Augen kleiner Kinder." Aber ein Schlagzeug zum Üben können sie sich auf dem Luxus-Sockel der Wanne gut vorstellen.

La Forcella ist ein Viertel mit hoher Camorra-Dichte. Im Frühjahr starb die 14-jährige Annalisa Durante, von einem Camorrista bei einer Schießerei als Schutzschild missbraucht, vor dem Haus ihrer Eltern. Seitdem trägt die Schule des Viertels ihren

Namen. Große Teile der Bevölkerung begrüßten damals die Polizei, die die verantwortlichen Camorristi verhaftete, mit Applaus und setzten der Herrschaft der Clans Widerstand entgegen. Doch die Hoffnung auf Veränderung wurde Anfang Januar erschüttert, als sich der Camorra-Krieg von den nördlichen Vororten plötzlich bis nach La Forcella ausweitete. Der 28-jährige Jung-Boss Eduardo Bove, der im Viertel den Drogenhandel und die Erpressung von Schutzgeldern kontrollierte, wurde in seiner Wohnung in La Forcella erschossen. Zwar sind die Mörder mittlerweile gefasst, doch die Polizei befürchtet nun auch in der Innenstadt einen Krieg zwischen den rivalisierenden Clans – insgesamt sind es 21 in Neapel und Umgebung. Die verschiedenen Bosse könnten dabei sein, ihre Allianzen neu zu formieren, vermutet die Antimafia-Staatsanwaltschaft von Neapel, nicht zuletzt, um den übermächtigen Boss Paolo Di Lauro und seinen Clan langfristig zu schwächen.

Drogensupermarkt

Der erbarmungslose Kampf um die Kontrolle des Drogenhandels wütete bislang vorwiegend in der nördlichen Peripherie der Stadt. Zentrum der Auseinandersetzung sind die Vororte Secondigliano und Scampia. Bis zum vergangenen Herbst war Di Paolo dort der unangefochtene Herrscher, obwohl der 51-Jährige seit Jahren untergetaucht ist. Die Geschäfte vor Ort übernehmen Gefolgsleute – allen voran Di Lauros Sohn Cosimo. Allein mit Drogen kassiert der Clan täglich eine halbe Million Euro, weitere Einnahmen kommen aus den Bereichen Schutzgelderpressung, Prostitution, Bauwesen, Musik- und Markenpiraterie.

Das war einigen der Verbündeten zuviel. Sie spalteten sich ab und schlossen sich in dem neuen Bandenkartell der sogenannten „Secessionisti“ gegen Di Lauro zusammen, um ihrerseits mit mehr Autonomie und

Gewinn auf dem Drogenmarkt mitzumischen. Ihre Unabhängigkeitsbestrebungen lässt Di Lauro mit Morden rächen. Die Camorra-Fehde kostete seit ihrem Beginn Ende Oktober 2004 46 Menschen das Leben. Insgesamt brachte das organisierte Verbrechen in Neapel in jenem Jahr 134 und im Januar 2005 schon mehr als zehn Menschen um. Einige der Opfer waren selbst keine Camorristi, sondern unschuldige Angehörige, Freunde der Kriminellen oder gänzlich Unbeteiligte. „Hier stirbt man wegen eines Kaffees, den man mit der falschen Person trinkt", sagte ein Junge aus den Vororten.

Scampia ist der „supermercato della droga" – der Drogensupermarkt der Region. An 20 verschiedenen Verkaufsposten sind Heroin, Kokain, synthetisches Cobret und Haschisch im Angebot. Die Kundschaft kommt aus Neapel und Umgebung und gehört allen erdenklichen Altersklassen und sozialen Schichten an. Rund um die Uhr wird für sie raffiniert und portioniert, verpackt, verteilt, versteckt und verkauft. In dem Viertel mit 75 000 Einwohnern ist die Drogenindustrie der Hauptarbeitgeber. Familien ohne Einkommen stellen aus finanzieller Not ihre Wohnungen als Drogenverstecke zur Verfügung. Die Jugendarbeitslosigkeit beträgt in Scampia mehr als 50 Prozent, zugleich machen die 15- bis 24-Jährigen dort ein Viertel der Bevölkerung aus. Urbane Infrastrukturen sind Mangelware, es fehlen Theater, Kinos und Sporteinrichtungen.

Da wundert es kaum, dass viele Jugendliche sich für die Dealerlaufbahn entscheiden. Diese bringt einen Verdienst von etwa 50 Euro pro Tag ein. Circa 500 Euro im Monat bekommen diejenigen, die als Wachposten Schmiere stehen und vor der Polizei warnen. Das ist soviel wie ein Capozona – ein Zonenchef – wiederum täglich erhält, und schon für 1000 Euro pro Monat findet die Camorra Freiwillige, die bereit sind zu töten. Das Drogenmonopol und die Investition des daraus resultierenden Gewinns in Geldwäsche-Unternehmen haben den Boss Paolo Di Lauro zum Millionär gemacht, was ihm den Beinamen Ciruzzo o'Milionario einbrachte, was aber auch ein ganzes Viertel in eine Geisel des Heroins verwandelte.

Die Kriege der Camorra treten in zyklischen Abständen auf, genauso wie das Sprechen darüber. Die Stadt macht Schlagzeilen. Seit drei Monaten verfolgen die Medien den „Notstand Camorra" oder den „Fall Neapel". Die Camorra dringt meist nur ins Bewusstsein der Öffentlichkeit und der staatlichen Einrichtungen, wenn eine Fehde in Gang ist. Klingt diese ab, interessiert sich kaum noch jemand für das Thema, und während Kurzschluss-Erklärungen und Verallgemeinerungen Konjunktur haben, bleiben dringend benötigte Langzeitanalysen aus. So fragen sich in der Tat viele Menschen in Neapel, was Stadt, Region und Staat in den vergangenen Jahren gegen die Camorra unternommen haben, während Paolo Di Lauro seine Geschäfte immer weiter vorantrieb. Er hat ausgezeichnete Kontakte zur albanischen Mafia, von der er Cannabis bezieht und mit der gemeinsam er florierende Geschäftsverbindungen zu den kolumbianischen Drogenkartellen unterhält. Der Clan Di Lauro und seine Verbündeten kontrollieren den Drogenverkehr in Europa und arbeiten mit der sizilianischen Mafia, der Cosa Nostra, zusammen. Das Schwarzgeld wird in Unternehmen jeder Art investiert und auch im Ausland gewaschen – in den USA, in China, Frankreich und in Deutschland.

Tendenz zur Illegalität

Während Polizei und Staatsanwaltschaft damit beschäftigt sind, die komplizierte Dynamik des Camorra-Kriegs zu durchschauen und zu bremsen, geben einige Intellektuelle Auskunft über die Ursachen und Hintergründe für die vermeintlich unerwartete Gewaltexplosion der Camorra.

Die Sozialhistorikerin Gabriella Gribaudi erzählt im Interview von den nahezu unlösbaren Schwierigkeiten, denen Neapel teils seit mehr als 160 Jahren ausgesetzt ist. Bis zur Einigung Italiens 1861 war Neapel die Hauptstadt des süditalienischen Königsreichs, so groß wie London oder Paris und mit den Aufgaben einer riesigen Metropole ausgestattet. Die Degradierung zur Provinzstadt hat Neapel bis heute weder verkraftet noch das damit einhergehende Problem der Übervölkerung lösen können. Daraus resultiert eine weitere gravierende Schwierigkeit. Die Stadtverwaltung funktioniert seit Jahrzehnten nicht richtig, weil sie in der Vergangenheit vorwiegend das Ziel verfolgte, den Mangel an Arbeitsplätzen in Neapel zu bekämpfen, indem sie Stellen schuf, die nicht gebraucht wurden. Als in den 1990er Jahren der Ex-Kommunist Antonio Bassolino Bürgermeister wurde, sah er es als Herausforderung an, die Stadt von ihrem nutzlosen bürokratischen Überbau zu befreien. „Heute müssen wir eingestehen, dass er diese Wette zumindest teilweise leider verloren hat", sagt Gribaudi nüchtern. Besonders unter der jetzigen Bürgermeisterin Rosa Russo Jervolino ist die Stadtverwaltung ihren Aufgaben nicht gewachsen: „Das nehmen alle in Neapel als Versagen wahr, und das Klima verändert sich zum Negativen." Wenn eine Stadt schwächelt und die Institutionen nicht funktionieren, bietet sie der Camorra automatisch eine größere Angriffsfläche.

Zudem war monatelang die Staatsanwaltschaft von Neapel lahm gelegt, weil es einen Dauerzwist zwischen dem Oberstaatsanwalt Agostino Cordova und den Staatsanwälten gegeben hatte, die seinen Rücktritt forderten. Der Justizminister der Regierung Berlusconi, Roberto Castelli, tat indes wenig, um den Konflikt zu lösen und endlich einen neuen Staatsanwalt einzusetzen. Kostbare Zeit im Kampf gegen die Camorra wurde mit institutionellen Streitigkeiten vergeudet – als lege es die Regierung Berlusconi bewusst darauf an, den Kampf gegen das organisierte Verbrechen auszubremsen.

„Man kann nicht allein der Stadt die Schuld am Problem ‚Camorra' geben. Dafür ist die Lage viel zu komplex", meint Gribaudi. Besonders verwerflich findet die Historikerin den Ausverkauf der Ressourcen Neapels in den vergangenen Jahren, der teilweise noch auf frühere Mitte-Links-Regierungen zurückgeht. Bedeutende Lebensmittelkonzerne wurden zu Spottpreisen verkauft oder in den Bankrott getrieben, und die Politik verwehrte dem einzigen großen, unabhängigen Bankinstitut Süditaliens die Rettung. „Zahllose bankrotte Banken wurden saniert, die Banco di Napoli nicht. Das muss einmal gesagt werden! Es heißt immer, Süditalien müsse auf eigenen Beinen stehen. Das geht aber so nicht! Man kann Eigentum, Ressourcen und gut ausgebildete Arbeitskräfte nicht einfach wegnehmen und dann sagen, ‚ihr müsst alleine klar kommen'!"

Problematisch hingegen bleibe – so Gribaudi – die der Stadt eigene „Tendenz zur Illegalität". Neapel braucht zum Beispiel dringend Sanktionen gegen Schwarzarbeit. Sogar Geschäftsleute, Händler, Anwälte, Zahnärzte, Gastwirte und andere Berufszweige zahlen ihren Angestellten Mini-Gehälter ohne Arbeitsvertrag und Sozialabgaben und profitieren schamlos vom bedrückenden Klima der Illegalität und der allgemeinen wirtschaftlichen Krise.

Schnelles Geld

Großzügiger als manch schmaler Monatsverdienst von 200 bis 300 Euro sind die Gehälter der Camorra. Deswegen laufen ihr Jugendliche auch so leichtsinnig in die Arme. Die Antimafia-Staatsanwaltschaft Neapel hat herausgefunden, dass der Boss Di Lauro schnell auf ein großes Kapital zugreifen kann, das komplizenhafte Bankangestellte in verschiedenen städtischen Banken deponiert und dort auf unzählige Konten verteilt haben. Dieser schnelle Zugriff auf hohe Bargeldbeträge ermöglichte es Di Lauro im Vergleich zu anderen Clans, die ständig Probleme mit Gehaltszahlungen haben, die Zahl seiner Mitarbeiter um ein Vielfaches zu erhöhen.

Gegen das illegal und schnell verdiente Geld, das für Jugendliche so lukrativ ist, kämpft seit Jahren der Straßenlehrer Marco Rossi Doria mit seinem Team von etwa 20 weiteren Lehrern. In den sozialen Randgebieten ohne Arbeit und ohne die Präsenz der Institutionen versucht Rossi Doria, Schulabbrecher mit sehr individuellen Mitteln wieder zum Lernen zu bewegen, damit sie einen Abschluss schaffen und eine Lehrstelle finden. „Der Staat geht davon aus, dass die Jugendlichen zur Schule gehen müssen und dort 80 Prozent der Zeit damit verbringen, Theorie zu lernen. Aber das wollen viele Jugendlichen gar nicht. Sie suchen irgendwas, womit sie 500 Euro im Monat verdienen können. Dafür sind sie bereit, fünf Stunden pro Tag zu arbeiten und maximal zwei etwas Neues zu lernen. Das muss der Staat endlich einsehen, aber mit seinem Schulangebot geht er auf diese Bedürfnisse nicht ein."

Deshalb fordert Rossi Doria einen kritischeren Umgang mit mentalen Schranken und starren Schemata, die seiner Meinung nach in der Sackgasse enden. Das fängt bei banalen Dingen wie dem alltäglichen Umgang mit den Jugendlichen an. „Wenn Pasquale, Antonio und Francesco gereizt sind, und ich mit ihnen in die Bar gehen muss, um sie zu beruhigen, dann möchte ich auch die 17 Euro, die ich für die Getränke ausgebe, als solche abrechnen können und nicht für irgendeinen pseudo-bürokratischen Grund. Wir benötigen nicht nur 30 Prozent mehr Geld für unsere Arbeit, sondern auch das Zugeständnis, damit vertrauensvoll und flexibel umgehen zu können."

„Haut ab!“

Flexibilität benötigt auch die Polizei im direkten Kampf gegen die Clans der Camorra, da deren Aufbau sich in den vergangenen 20 Jahren radikal verändert hat. Es gibt keine starren Hierarchien mehr, sondern nur unzählige Banden, die selbst die Bosse oft nicht mehr kontrollieren können. Rossi Doria formuliert es so: „Es gibt keinen Plan! Die Jungs wachen morgens auf und ein paar Komponenten bestimmen ihren Tagesablauf: die Menge der Drogen in ihrem Körper, die Menge an Müdigkeit und Angst in ihnen, die Summe Geld, die sie an Mittelsmänner oder Clanmitglieder zahlen müssen, welche Waffen ihnen zur Verfügung stehen und wie die Kontrolle seitens Polizei und Militär an jenem Tag in ihrem Territorium aussieht. Das Zusammenspiel dieser Faktoren führt zu ihrer Reaktion.“ Gegen diese Guerilla-Taktik kann die Polizei nur Ergebnisse erzielen, wenn sie sich darauf einstellt und selbst möglichst beweglich kämpft.

Dennoch sind Erfolge seitens der Staatsmacht beinahe leichter zu erzielen als jene auf sozio-kultureller Ebene. Vor wenigen Tagen spürte die Polizei den Sohn und Statthalter vom Boss Di Lauro, Cosimo Di Lauro, auf und nahm ihn fest. Der 26-Jährige gilt als Drahtzieher im gegenseitigen Abschlachten der Clans. Ordnungskräfte und Antimafia-Staatsanwaltschaft hoffen jetzt auf einen baldigen Stopp der Fehde. In dem Viertel, das den Spitznamen Terzo Mondo – Dritte Welt – trägt, rebellierten jedoch während seiner Verhaftung Hunderte von Einwohnern. Vorwiegend Frauen gingen auf die Straße und versuchten, Polizei und Carabinieri zu vertreiben: „Haut ab!“ Nicht der Anti-Staat Camorra gilt als Eindringling und Unterdrücker, sondern der demokratische Staat. Ist dieser abwesend, schlägt die Camorra auch als Lebensform umso leichter Wurzeln.

Der Straßenlehrer Rossi Doria ist praktischer Empiriker: „Eine Stadt zu verbessern kann man nicht am Reißbrett planen!" Deshalb fordert er im Kampf gegen die Camorra ein ganzes Heer von Sozialarbeitern – ein ziviles Heer, das zwischen den Bürgern und der Polizei vermittelt und besonders Kindern und Jugendlichen Alternativen zum Modell „Camorra" aufzeigt, um den Einfluss der Clans auf Denkweise und Lebensform zu stoppen. „Dann können wir den Krieg gewinnen!"

Mandelblüten und Tempel

Dass diese Art der Jugendarbeit die Macht der Clans bedrohen kann, zeigt der Kinofilm von Roberto Faenza. „Alla luce del sole" – „Im Licht der Sonne" – erzählt die Geschichte des Priesters Pino Puglisi. In einem der ärmsten Viertel von Palermo vermittelte Don Puglisi den sich selbst überlassenen Kindern eine andere Kultur als die kriminelle der Mafia. Weil er versuchte, der Cosa Nostra den Nachwuchs zu entziehen, wurde er an einem sonnigen Tag im September 1993 erschossen. Don Puglisi musste sterben, doch seine Ideale leben weiter, erklärte der Regisseur in einem Artikel in „La Repubblica".

Wenige Tage vor dem Kinostart von „Alla luce del sole" strahlte die Sendung „Report" im dritten Programm der staatlichen RAI eine lange Hintergrund-Reportage über die Verflechtungen zwischen Cosa Nostra und der Wirtschaft im heutigen Sizilien aus. Von den astronomisch hohen Schutzgeldforderungen wollte der Präsident der Region Sizilien, Salvatore Cuffaro, allerdings nichts wissen. Er forderte vom Generaldirektor der RAI, Flavio Cattaneo, eine „Reparations"-Sendung, die neben Mandelblüten und Tempeln auch das ökonomische Florieren der Insel zur Schau stellen solle. Unterstützung bekam Cuffaro von zwei Regierungsministern (Carlo Giovanardi und Enrico La Loggia). Das zweite Programm der RAI ist diesem Wunsch nachgekommen – ungeachtet der Tatsache, dass Cuffaro in diesen Tagen wegen Begünstigung der Cosa Nostra in Palermo vor Gericht steht. Der Polit-Talk auf Bestellung wollte die Existenz der Mafia zwar keineswegs leugnen, ließ jedoch den Vorwurf durchblicken, dass jede Berichterstattung, die auf die dramatischen Hintergründe und Verstrickungen von Wirtschaft, Politik und organisierter Kriminaltät eingehe, doch letztlich der Mafia zugutekomme. Als wäre eine seriöse Reportage über die Mafia ein Werbespot für Cosa Nostra.

Der Richter Giovanni Falcone, den die Cosa Nostra 1992 ermordete, war davon überzeugt, dass ein Staat die Mittel hat, die Mafia zu besiegen, wenn er will. Von der Regierung Berlusconi allerdings kamen seit ihrem Amtsantritt noch keine deutlichen Signale, dass sie diese Ansicht teilt. Ganz im Gegenteil: Staatsanwälte und Richter erklärten in der Sendung Report, dass die Justizpolitik der Regierung dazu führt, dass der Kampf gegen Cosa Nostra und Camorra immer schwieriger wird.

Andreas Schlüter

Erweicht eure Herzen!

„Prego, prego, forza, avanti!“ Signor Orazio, ein älterer Herr mit hellblau getönter Brille und gerötetem Gesicht wedelt mit den Händen. Seine Ungeduld gilt einer Gruppe eilig herantrippelnder Damen. „Forza! Forza!“ Die Damen, allesamt in süditalienisches Schwarz gekleidet und frisch frisiert, drängeln sich zwischen die für sie reservierten Bänke, stellen ihre Handtaschen ab und verfallen dann umgehend in einen eigentümlichen Singsang. „San Gennaro mio putente prega a Dio pè tanta gente. San Gennaro mio prottetore prega a Dio nostro signore.“ Es ist der erste Samstag im Mai und in der Kapelle des heiligen Januarius im Dom von Neapel wird gleich eine der erstaunlichsten Zeremonien der katholischen Welt beginnen – die Verflüssigung des Blutes San Gennaros, auf neapolitanisch kurz San Gennà genannt. Signor Orazio – verantwortlich für den reibungslosen Ablauf des Geschehens in der Kapelle – ringt noch einmal die Hände; dann eilt er zwei gerade eintreffenden Kamerateams mit an langen Teleskopstangen gefährlich schwankenden Riesenmikrofonen entgegen. Auf dem Boden kniet ein Arbeiter und befestigt Klebestreifen unter einem roten Teppich, junge Priester mit bewegungslosen Gesichtern warten neben dem Altar, uniformiertes Sicherheitspersonal steht herum. Die Kapelle des Heiligen – *il tesoro* genannt – ist ein frühbarocker Bau, der bei voller Beleuchtung funkelt und glänzt wie eine gefüllte Schmuckschatulle. Und hier, an diesem heiligen Ort, ist an diesem Nachmittag die Hölle los. Immer mehr Menschen drängen in den Raum. Familien, Touristen, alte Frauen mit kleinen Kindern. Carabinieri und neapolitanische Mädchen, die ihr Übergewicht und schweres Make-up so lässig tragen wie Göttinnen, die gerade vom Olymp für einen Besuch vorbeischauen. Bis auf die Touristen, deren nordisch-protestantische Gesichter über die wogende Menschenmenge ragen, bekreuzigen sich alle, viele knien, murmeln unhörbar Gebete. Der Teppich ist endlich festgeklebt, ein eleganter Herr mit Schärpe und aristokratischem Profil gibt im gleißenden Scheinwerferlicht ein Interview. Signor Orazio gestikuliert in einer anderen Ecke jetzt so wild als stünde sein Anzug in Flammen. „San Gennaro mio putente prega a Dio pè tanta gente." Alle Bänke sind voll besetzt, dennoch schieben sich von hinten immer noch mehr Menschen in die schon überfüllte Kapelle. Kameras blitzen auf, die Sicherheitsleute sperren den Mittelgang ab, und die Honoratioren der Stadt treten ein. Die Bürgermeisterin Neapels im eleganten Kostüm, neben ihr der Präsident der Region Kampanien. Es folgen die zwölf Mitglieder der *Deputazione della Real Capella del Tesoro di San Gennaro*, Angehörige der großen neapolitanischen Adelsfamilien. Ihre Namen verkörpern Jahrhunderte süditalienischer Geschichte – Don Riccardo Carafa Duca d'Andria, Don Carlo di Somma Principe del Colle, Marchese Don Michelle Imperiali di Francavilla.

Der Gesang der alten Frauen in den ersten Reihen am Altar, unmittelbar vor der überlebensgroßen silbernen Portraitbüste San Gennaros – in ihr soll sich der Schädel des Heiligen befinden – wird flehentlicher. Die Intensität der brüchigen alten Stimmen verleiht der etwas operettenhaften Veranstaltung dramatischen Ernst. „San Gennaro prega per noi – San Gennaro, San Gennaro!" Diese Frauen dürfen sich den etwas robusten Umgang mit dem Heiligen erlauben, schließlich sind sie die *parenti*, die Verwandten San Gennaros. Es gehört zu den vielen berückenden Unglaublichkeiten dieses Wunders, dass die Verwandtschaft des Heiligen anwesend ist. Die Legende berichtet, dass San Gennaro, Bischof von Benevent, am 19. September 305 das Martyrium erlitt. Nachdem die Löwen im römischen Amphitheater von Pozzuoli den späteren Heiligen nur umschnurrten und nicht daran dachten, ihn und seine kleine Gefolgschaft zu fressen, wurde San Gennaro in der Solfatara – einem bis heute aktiven und schweflig dampfenden Vulkankrater unweit Neapels – enthauptet. Eine Verwandte des Bischofs, andere Legenden sprechen von einem Blinden, fing das frische Blut in zwei kleinen Glasfläschchen auf.

Gut 1700 Jahre später erklärt Signora Anna Parisi, eine der dienstältesten *parenti* in der Kapelle des Heiligen bescheiden: „Selbstverständlich sind wir keine wirklichen Verwandten. So werden wir nur seit Jahrhunderten genannt, weil wir San Gennaro besonders nahe stehen. Hier sind wir verwandt", Signora Parisi pocht auf ihren Busen. „Er braucht uns. Er braucht die Liebe der Neapolitaner, so wie wir seine Liebe brauchen, um leben zu können. Und er ist so schön, so ein schönes Gesicht." Tatsächlich zeigt das ikonografische Programm durch die Jahrhunderte hinweg San Gennaro als einen besonders hübschen Heiligen mit fast mädchenhaften Zügen. Seine Haut ist so weiß wie sein Blut rot ist. Parallelen zwischen weiblicher Menstruation, vulkanischer Eruption – San Gennaro hat als Schutzheiliger Neapels so manchen Lavastrom des ausbrechenden Vesuvs zum Erliegen gebracht – und dem sich regelmäßig verflüssigenden Blut des Heiligen sind vielfach festgestellt worden. Der kleine Kreis der Verwandtschaft besteht nur aus Frauen; ungefähr 30 sind es. Aufgenommen zu werden ist keine Kleinigkeit. Signora Parisi ist seit mehr als 50 Jahren dabei, schon als junge Frau ist sie bei einer Verwandten „in die Lehre“ gegangen. Das Wissen um den komplizierten Ablauf der auf neapolitanisch gesungenen, gesprochenen, gestöhnten und geschrieenen Gesänge kann kaum erlernt, sondern nur in vielen Jahren erspürt und verinnerlicht werden. Diese fast schon intime Innigkeit mit San Gennaro ist bis heute lebendiges Erbe vieler Generationen. Johann Gottfried Seume beschreibt das Wunder 1802 in seinem „Spaziergang nach Syrakus“ gewohnt lakonisch, ohne es allerdings selbst gesehen zu haben: „… ich habe für dergleichen Dinge wenig Takt, also bin ich nicht dabei gewesen … Einer meiner Freund erzählte mir von den furchtbaren Ängstigungen einiger junger Weiber und ihrer heißen Andacht, ehe das Mirakel kam, und von ihrer ausgelassenen, heiligen, ekstatischen Freude, als es glücklich vollendet war …“

Für das Jahr 1389 ist die Verflüssigung des Blutes erstmals belegt. Der Legende nach aber geschah es zum ersten Mal bei der Überführung der Gebeine und Blutampullen von Pozzuoli nach Neapel im Jahr 413. Seitdem verflüssigt sich das Blut Gennaros dreimal jährlich in wundersamer Regelmäßigkeit. Am ersten Maisamstag in Erinnerung an den Tag der Überführung der Reliquie, dann am Tag des Martyriums, dem 19. September, und zuletzt am 16. Dezember eines jeden Jahres. Geschieht das Wunder nicht, ist Schlimmes zu befürchten, so im Jahr des verheerenden Erdbebens 1980, von dem sich Kampanien bis heute nicht restlos erholt hat.

Für die ins Jenseits verliebten Neapolitaner, die sich im Traum von verstorbenen Verwandten die Lottozahlen mitteilen lassen und bis vor wenigen Jahren in der Chiesa Santa Maria delle Anime del Purgatorio ad Arco einen seltsamen Kult mit den Gebeinen der Toten betrieben, ist das Wunder ihres Heiligen bis heute von zentraler Bedeutung. Dabei wurde San Gennaro erst im 16. Jahrhundert aus der Vielzahl der neapolitanischen Heiligen zu dem, was er heute unangefochten ist:

der Gott Neapels. Vor allem sein wundertätiges Eingreifen bei den Ausbrüchen des Vesuvs machte ihn zum alleinigen Patron Neapels. Während des berühmten Vesuvausbruchs im Jahr 1631 wurden in zwei Prozessionen Blut und Schädel San Gennaros aus der Stadt zum Feuer speienden Berg geführt. Nur im Zusammenwirken beider Reliquien kann das Wunder geschehen. Der deutsche Reisende Hieronymus Welsch beschreibt das Ereignis: „… bei der anderen Prozession hat der Erzbischof von der Stadt in einer hübschen und kostbaren Monstranz getragen zwei Gläslein mit Blut … welches Blut nun wieder ganz frisch und siedend pflegt zu werden; wie ich es dann selbst gesehen, dass es frisch gewesen und gleichsam noch geschaumet …" Das Bild des gewaltigen Vesuvs und der sich auf die Stadt zuwälzenden Lavaströme, aufgehalten allein durch zwei kleine Ampullen mit roter Flüssigkeit, gehört zu den unergründlichsten Mythen Neapels. „Der Hölle Feuer werden durch das glorreiche Blut der Märtyrer gestillt!" Eine Prozession gibt es traditionell auch zu dem Fest im Mai, die Wunder im September und Dezember hingegen finden ausschließlich im Dom statt.

Die Büsten der neapolitanischen Heiligen strecken ekstatisch ihre silbernen Arme in die Luft, Kaskaden barocker Faltenwürfe glänzen im Licht der Scheinwerfer. In der Kapelle herrscht atemlose Spannung, die Gesichter der Menschen ähneln denen von Kindern am Weihnachtsabend. Es fehlt jetzt nur noch der Erzbischof von Neapel, seine Exzellenz Cardinale Michele Giordano, als aus dem Inneren des Doms Bravorufe zu hören sind. Was jetzt geschieht, scheint San Gennaro fast die Schau zu stehlen. Umringt von einer Gruppe von Leibwächtern, betritt ein junger Mann die Kapelle, lächelt höflich und winkt gekonnt. Einige Damen scheinen in Ohnmacht fallen zu wollen, jemand flüstert: „Dio mio, il principe!" Tatsächlich, es ist Emanuele Filiberto di Savoia, Prinz von Venedig und – gäbe es noch eine Monarchie in Italien – der Kronprinz. Im Frühjahr des Jahres 2003 war die Königsfamilie nach 57 Jahren des Exils für einen Kurzbesuch zum ersten Mal wieder nach Italien gekommen. Ausgerechnet Neapel war Schauplatz eines turbulenten Wochenendes, an dem Vittorio Emanuele, Gattin Marina Doria und Sohn Filiberto zwar stürmisch, aber keineswegs nur wohlwollend begrüßt wurden. „Savoyer – seht Neapel und sterbt" hing als Plakat an vielen Stellen der Stadt. Prinz Filiberto aber wirkt an diesem Nachmittag seines für alle überraschenden Besuchs äußerst lebendig. Seine Anwesenheit steigert nochmals die nervöse Spannung in der Kapelle. Endlich erscheint, mit warmem Applaus begrüßt, Kardinal Giordano. Der Erzbischof sieht aus wie eine exzentrische Tortenkreation aus der berühmten neapolitanischen Konditorei Scarturchio. Seine große Gestalt ist eingehüllt in einen Traum aus schneeweißer Spitze, unter der bei jedem Schritt leuchtendes Rot hervorstrahlt. Weihrauch steigt auf, San Gennaros Verwandte singen mit allmählich heiser klingenden Stimmen und plötzlich hat Kardinal Giordano die silberne Monstranz in der Hand, in der sich die beiden Glasampullen mit dem Blut befinden. Diese größte aller neapolitanischen Kostbarkeiten wird in einem Tresor hinter dem Altar aufbewahrt.

Das Wunder der Verflüssigung kann jetzt, da beide Reliquien, Kopf wie Blut, fast nebeneinander stehen, jederzeit geschehen. Kardinal Giordano schwenkt die Monstranz, doch in den Fläschchen tut sich noch nichts. Die rotbraune Masse in den beiden Ampullen ist über Jahrhunderte hinweg oft beschrieben worden, nicht selten wurde sie dabei mit eingetrockneter Marmelade verglichen. Überhaupt sind die Berichte ausländischer Reisender äußerst kritisch. Mark Twain schreibt 1867 in seiner „Reise durch die alte Welt": „In dieser Stadt Neapel glaubt man an eine der erbärmlichsten aller religiösen Betrügereien, die es in Italien gibt, und unterstützt sie: das wunderbare Flüssigwerden des Blutes des heiligen Januarius. Zweimal im Jahr versammeln die Priester alles Volk in der Kirche und holen dieses Fläschchen geronnenen Blutes hervor und lassen alle sehen, wie es sich langsam auflöst und verflüssigt – und acht Tage lang wird alltäglich diese schaurige Farce wiederholt, während die Priester durch die Menge gehen und Geld für die Schaustellung einsammeln …"

Was hätte Mark Twain wohl zu dem zweiten Wunder San Gennaros gesagt? Denn zur gleichen Zeit, da sich das Blut verflüssigt, verfärbt sich in Pozzuoli im Santuario des Heiligen der Stein der Hinrichtung. Dieses Parallelwunder an der Stelle des Martyriums ist kaum bekannt. In die kleine Kirche verirrt sich fast nie ein Tourist und auch die Menge der Gläubigen ist an diesem Tag überschaubar. Der Stein wird in einer Wandnische verwahrt. Was sich verfärbt oder auch nicht, ist vielleicht nur von Mineralogen zu beurteilen. Der Laie sieht beim konzentrierten Blick im Lavaschwarz des Steins schnell alle möglichen Farben. Draußen vor der Kirche stehen Buden mit Süßigkeiten, die vor allem Torrone verkaufen, eine klebrige Masse, die an türkischen Honig erinnert und traditionell an diesem Festtag für die Kinder gekauft wird.

20 Kilometer entfernt in Neapel, in der Kapelle San Gennaros, beginnt jetzt die Prozession. Die Blutampullen sind in einer prächtigen, tragbaren Monstranz befestigt, die von sechs jungen Männern im Ornat auf einem Holzpodest hinausgetragen wird, gefolgt von den anderen Schutzheiligen der Stadt. Santa Lucia, ihre silbernen Augäpfel auf einem Tablett vor sich hertragend, erhebt sich quietschend. Uraltes Holz, uraltes Silber, neue Plastikblumen. Gefährlich schwankt ihre festlich geschmückte Büste über den Köpfen der aus der Kapelle drängenden Menschen. Signora Parisi folgt mit den anderen Verwandten dem die Prozession anführenden San Gennaro. Die gediegene Dame mit

der hübschen Frisur stößt plötzlich einen Schrei aus, der so tief empfunden und dabei so verstörend ist, dass auch der letzte der bislang eher amüsiert blickenden Touristen seine Kamera sinken lässt. „San Gennaro, prega per noi!“ Vor dem Dom erwartet eine applaudierende Menschenmenge ihren Heiligen. Ein kleiner Mann, tiefbraun, runzlig und fast zahnlos, strahlt über das ganze Gesicht, als der silberne Kopf San Gennaros und die Blutmonstranz an ihm vorbeiwanken. „Eviva Gennà“, schreit er und schwenkt ein Taschentuch. „Eviva! Eviva!“ Der ganze Zauber der katholischen Kirche entfaltet sich auf dem kurzen Weg zur Kirche Santa Chiara. Viele der Balkone in der Via Duomo sind mit der besten Tisch- oder Bettwäsche geschmückt, die die bescheidenen Haushalte – die Prozession führt durch eines der ärmsten Viertel Neapels – zur Verfügung haben. Auf einigen der Balkone stehen Greisinnen, sorgsam von Familienangehörigen gestützt und so gebrechlich, als ob sie ihr Schlafzimmer für San Gennaro zum ersten Mal seit langer Zeit verlassen hätten. Einige Frauen weinen, andere werfen Rosenblätter. Eine Lautsprecherstimme betet. Rosa Russo Iervolino und Antonio Bassolino, die Bürgermeisterin Neapels und der Präsident der Region Kampanien, winken in die Menge. Etwas untergegangen im Getümmel winkt auch der Prinz von Savoyen. Seine Leibwächter haben sich in den Armen eingehakt und bilden so einen Kreis um Filiberto, der Handküsse in die Menge wirft und lächelt.

Irgendwann erreicht die Prozession die Basilika Santa Chiara im Herzen der neapolitanischen Altstadt, schon erwartet von einer jubelnden Menge. Gennaros Büste und die Monstranz mit dem Blut werden neben dem Altar aufgebaut. Wer Glück hat, kann sich setzen, der Rest bereitet sich auf stundenlanges Stehen vor. Kardinal Giordano beginnt mit seiner Predigt. Nach Andacht, Singen, Beten, Prozession und all den anderen Aufregungen der zurückliegenden Stunden wirkt seine Stimme wie ein allzu starkes Beruhigungsmittel. Auf der Bank mit den Ehrengästen betrachtet Antonio Bassolino ausführlich seine glänzenden Schuhspitzen. Die neben ihm sitzende Signora Iervolino faltet immer wieder ein Seidentuch zusammen, bis sie – stille Andacht oder sanfter Schlummer – ihr Gesicht in beide Hände legt. Alle sind erschöpft und versuchen zu erraten, wie viele Seiten das Manuskript wohl haben mag, aus dem Kardinal Giordano so geduldig vorliest. „Erweicht eure Herzen", ist dann endlich sein letzter Satz, Orgelmusik setzt ein, der kurze Moment größter Bedeutung und Wichtigkeit, der Augenblick des Wunders, ist gekommen. Er nimmt die Monstranz mit den Ampullen, dreht sie, schaut, dreht sie wieder und blickt dann in die Menge, lächelt und sagt: „È già venuta." Es folgen Orgel, Lachen, Klatschen, Schreie, Rufe – eine Explosion der Erleichterung und der Freude. Neben dem Kardinal winkt der Schatzmeister des *tesoro* mit einem weißen Taschentuch, Zeichen für die ganz hinten in der Kirche Wartenden, dass das Wunder geschehen ist. Das göttliche Zeichen, das Neapel seit Jahrhunderten mit einer impulsiven Energie erfüllt und das in diesem Moment, im Taumel der Begeisterung und im Triumph über das Unwahrscheinliche, in der Kirche der heiligen Klara für einen kurzen Augenblick tatsächlich spürbar zu sein scheint.

Wer das Privileg hatte, ganz vorne zu sitzen, in der Nähe des Blutes, sah folgendes: einen dicklichen Mann mit abgründigem Gesicht, der ein kleines Glasgefäß lange an seine Brust drückt, es sacht bewegt, und dann, eventuell, vielleicht könnte es so gewesen sein, dass sich ein dunkelbraunes Etwas, wie die Unterseite einer sich in Zeitlupe bewegenden Schnecke, im Inneren der Glasampulle bewegt hat. Vielleicht. Der Moment ist zu kurz und das Wunder ist zu groß. Die Monstranz mit dem Blut darf jetzt geküsst werden. Die aus ihrer Meditation wieder erwachte Bürgermeisterin küsst, ebenso der Präsident, auch der zahnlose alte Mann hat es irgendwie geschafft, sich nach vorne zu drängeln. Sein Gesicht ist das eigentliche Wunder des heutigen Tages. Er küsst die Monstranz mit einer Innigkeit, mit einem Kinderwunderglauben, der jede Schärfe des Lebens für eine kurze Sekunde mildert und alles mit allem und jeden mit jedem versöhnt.

Vor der Kirche wartet die Realität. Die Prozession führt zurück zum Dom. Niemand wartet mehr auf San Gennaro, nur die Abfallhaufen der wieder mal streikenden Müllabfuhr. Es ist nicht einfach, ein Heiliger zu sein – schon gar nicht in Neapel. Acht Tage währt das Wunder, in denen das Blut Gennaros geküsst werden darf. Wer in diesen Tagen in die Kapelle kommt, kann Erstaunliches erleben. Andächtige italienische Schulklassen, von strengen Lehrerinnen bewacht und fröhliche Priester, die in der Kapelle San Gennaros so herzlich und freigiebig mit der Reliquie herumhantieren wie Kellner mit einem Espresso in der Bar an der Ecke. „Woher kommst du denn?", fragt einer dieser lustigen alten Männer mit einer Monstranz in der Hand, die schon die Bourbonenkönige geküsst haben. „Ah, Germania. Bravo!" Und dann tut er etwas, was so verblüffend, so überwältigend, so wunderbar neapolitanisch ist – er kneift seinem Gegenüber in die Wange und sagt wie ein großer freundlicher Weihnachtsmann: „Mach dir keine Sorgen, San Gennaro betet für dich."

Peter Peter

Totò. Der Fürst des Lächelns

Noch populärer als San Gennaro oder Maradona: das hat nur einer geschafft. Über 40 Jahre nach seinem Tod ist der Schauspieler und Komiker Totò in Neapel allgegenwärtig. Sein kantiges, stets melancholisches Gesicht schaut von tausenden Postern und Aufklebern, Pizzerias schmücken sich ebenso mit ihm wie szenige Modeshops und Jugendtreffs, und Trattorien, die noch ein Originalfoto von Totò an der Wand hängen haben, hüten es wie ein Heiligtum.

Wer war Totò, der Mann, der 84 Spielfilme drehte, der traurig war wie Buster Keaton, ungeschickt wie Stan Laurel, hintergründiger Hampelmann wie Charlie Chaplin, der wasserfallartig Dialekttiraden hervorsprudelte wie Hans Moser?

Der Schlüssel dazu liegt im Quartiere di Sanità, in dem Viertel hinter dem Museo Archeologico Nazionale, wo die Wäsche noch dichter über den Straßen hängt, die Motorradfahrer noch minderjähriger sind und die Espressopreise noch ein paar Cent unter dem Niveau der Spanischen Viertel liegen. Hier wurde Totò am 15. Februar 1898 als unehelicher Sohn des Dienstmädchens Anna Clemente in der Via S. Maria Antesecula 107 geboren. Die Wohnung im ersten Stock gibt es immer noch, und seit Totòs Zeiten scheint weder sie noch das Haus renoviert worden zu sein. Wer klingelt (und sich nachher mit einer großzügigen Spende erkenntlich zeigt), könnte Totòs Doppelgänger begegnen: Signore Giulio Barbella, der gern in einem Schlafrock auftritt, ganz wie Totò in seinen Filmen, wohnt seit 1934 in der einstigen Wohnung des Volksschauspielers, und im Laufe der Jahre ist er nicht nur zum selbsternannten Reiseführer, sondern auch zum leidenschaftlichen Sammler von *locandine* (Filmplakaten) und Zeitungsausschnitten zu Totòs Karriere geworden. Aufgeregt und stolz blättert er im Flur durch die dicke Mappe und ein Leben auf der Bühne, voller komischer Charakterrollen, voller *macchiette*: Da sind sie alle, die Erfolgsfilme, die nachmittags im italienischen Fernsehen laufen und deren Videokassetten überall in Neapel als Raubkopien angeboten werden. „L'oro di Napoli" („Das Gold von Neapel", 1954) mit der berühmtesten Totò-Ikone: Als *maresciallo*, als Musik-Zeremonienmeister mit Prunkuniform, Dreispitz und Stab. Oder „Totò sceicco" (1950), eine hinreißende Parodie auf den legendären Scheich-Film des Apuliers Rudolfo Valentino, die im gleichen Jahr entstand wie „Totòtarzan. Napoli milionaria" (1950), der Triumph des neapolitanischen Gassenlebens, das siegreich und gewitzt allen faschistischen Ordnungsdekreten widersteht, geschrieben, gedreht, mitgespielt von dem „neapolitanischen Nestroy" Eduardo de Filippo, oder „Miseria e nobiltà" („Elend und Noblesse"), wo sich Totò mit der Loren herumschlägt. Da sind die Klaviernoten zu dem von Totò getexteten Erfolgsschlager „Malafemmina", der noch Rockröhre Gianna Nannini begeistert hat, und da ist das Poster zu dem Kaltenkriegsklamauk von „Totò e Peppino divisi a Berlino" (1962): Zwei von den Nazis zwangseingezogene Neapolitaner werden nach Kriegsende von den Russen für echte Nazis gehalten und schließlich als vermeintliche Spione enttarnt, als man ihre typisch neapolitanische *smorfia*, das symbolreiche, Lottogewinne verheißende Traumbuch, entdeckt und für einen Geheimcode hält. Der Clou: mit dem neapolitanischen Orakel gelingt es den Russen tatsächlich, eine amerikanische Spionagemaschine zu orten und abzufangen, worauf Totò und Peppino als Spione nach Westberlin geschickt werden. Und schließlich ist da die späte cineastische Anerkennung durch Pierpaolo Pasolini, dem Friauler Dichterregisseur, der Neapel über alles schätzte und den alternden Totò in „Uccellacci e uccellini" („Große Vögel – kleine Vögel", 1966) im philosophischen Gespräch mit einem Raben porträtierte.

Signore Barbella hat noch mehr zu bieten. Der pensionierte Eisenbahner zeigt die Küche, seine Frau Maria, die Vogelkäfige mit den *canarini*, und dann geht er zu den Fensterstöcken und streichelt ehrfürchtig über die verrottenden Holzfenster, die aus den Angeln zu brechen drohen: *Come al tempo di Totò, questo è il vero museo di Totò* – wie zu Zeiten Totòs, der Originalschauplatz der Armut, das ist das wahre Museum für Totò.

Città antimuseo – die unmusealste Stadt Europas hat man Neapel genannt. Signore Barbella hat recht, wenn er eifersüchtig und mit gekränktem Stolz den großen Sohn der Sanità, dessen Fahne er so lange hochgehalten hat, für sich, für sein Wohnungsmuseum reklamiert. Authentischer, lebendiger kann man Totò nicht begegnen. Doch wahrscheinlich bald leichter. Denn das offizielle Neapel, das bisher nur Croce und Vico, Giordano und Solimena, Scarlatti und Mercadante für Kultur hielt, beginnt zu bemerken, daß der Rest der Welt noch weit begeisterter von den Exportartikeln der einfachen *quartieri* ist, daß Pizza, Spaghetti und Totò das Image Neapels oft wirkungsvoller und positiver vertreten als alle Hochkultur. So ist seit der Jahrtausendwende ein ausgedehntes Obergeschoß des Palazzo Spagnolo an der Piazza delle Vergini für das neue *Museo di Totò* renoviert worden, ein riesiges Barocklabyrinth mit offenen Treppenhäusern mitten im Sanità-Viertel. Noch verschiebt sich die Eröffnung von Jahr zu Jahr, aber bald dürfte Totò zum neuen Superstar der Museumsszene werden, archiviert und didaktisch aufbereitet. Man wird an der Kasse teure legal gezogene Video-Filme kaufen und auf Schautafeln lesen können, wie Totò 1917 im schäbigen Teatro Orfeo seinen ersten Auftritt hatte, wie er 1937 seinen ersten Film *Fermo con le mani* drehte, wie die Futuristenkreise sein trauriges Bajazzo-Gesicht (er hatte eine Kieferluxation) und seine minimalistische Schauspielkunst bewunderten, wie er in den sechziger Jahren oft bis zu sieben Filme in einem Jahr drehte und von der offiziellen Filmkritik als bloßer Hanswurst abgetan wurde.

Das hat sich längst geändert: Totò, der von sich gesagt hat: „Ich denke immer nach, ich bin ein Denker – ich denke nachts, tagsüber, immer", ist postum vom Lieblingsschauspieler des einfachen Volkes zum Lieblingsobjekt der Intellektuellen und Cineasten arriviert. Neue tiefschürfende Analysen überschwemmen seit ein paar Jahren den italienischen Buchmarkt, Totò-Websites haben Konjunktur, keiner kommt mehr an dem Phänomen Totò vorbei: „Sei es das Gedicht ‚A livella', sei es sein Kriegsruf *Siamo uomini o caporali* (sind wir Menschen oder Feldwebel), beide beweisen, daß er mehr noch ein Philosoph als ein Komiker war, der darauf pfiff, als Meister des Films zu erscheinen", würdigt ihn Neapelpromoter Luciano de Crescenzo, und Nobelpreisträger Dario Fo schwärmt von seiner Schauspielkunst: „Er ist der Harlekin des 20. Jahrhunderts gewesen!" Auch sein Landsmann, der Regisseur und Schauspieler Vittorio de Sica, fällt in den allgemeinen Tenor der Begeisterung ein: „Er war wirklich ein Clown, ein großer Clown, im nobelsten Sinne des Wortes, wie es sie heute nicht mehr gibt: manche seiner verrückten Improvisationen während der Rezitation waren genial und unersetzlich."

Doch mehr als das, Totò hat offenbar fast alle, die mit ihm zusammentrafen, durch seine charakterlichen Eigenschaften beeindruckt. „Er war ein echter Signore, der auch aufsteht, wenn nur die Schneiderin oder Friseuse in die Garderobe kommt" – so ein Satz sagt viel über den Menschen Antonio De Curtis aus und macht seinen aus den Demütigungen der Jugend entstandenen Adelsfimmel mehr als wett. Denn Totò erstritt sich 1946 vor Gericht in Rom das Recht, folgenden Titel, den man sich auf der Zunge zergehen lassen muß, zu tragen:

Antonio Griffo Focas Flavio Dicas Comneno Porfirogenito Gagliardi De Curtis di Bisanzio, altezza imperiale, conte palatino, cavaliere del Sacro Romano Impero, esarca di Ravenna, duca di Macedonia e di Illiria, principe di Costantinopoli, di Cilicia, di Tessaglia, di Ponte di Moldavia, di Dardania, del Peleponneso, conte di Cipro e di Epiro, conte e duca di Drivasto e Durazzo –

Kaiserliche Hoheit, Exarch [Bischof ostkirchlicher Prägung] von Ravenna, Prinz von Konstantinopel, Graf von Zypern – ein steiler Aufstieg aus der Sanità, dem Viertel der Armut, und der *guappi*, der kleinen Cosa-Nostra-Bosse. Möglich gemacht hatte ihn seine Mutter, die 1921 doch noch den Vater des mittlerweile erwachsenen Totò, den verarmten Grafen De Curtis, heiratete. Verwickelte Familienverhältnisse: 1928 erkennt De Curtis den 30-jährigen Schauspieler als seinen Sohn an, fünf Jahre später hat Totò den nächsten Vater – er wird 1933 von dem Marchese Francesco Gagliardi Focas mit dem langen Titel adoptiert. Totò selbst, notorischer *donnaiolo* [Schürzenjäger] mit ungezählten Affären, zeugte mit der neapolitanischen Adeligen Diana Rogliani Serena di Santa Croce (von der er sich später scheiden ließ) Tochter Liliana, die auch ein Buch über ihren Vater geschrieben hat.

Totò liebte es, diesen Adelstitel in seine philosophisch-komische Selbststilisierung einzubeziehen. Einerseits verbrachte der *principe* einen Großteil seiner morgendlichen Freizeit mit dem Studium heraldischer Bücher, statt Rollen zu studieren – in allen seinen Filmverträgen stand die Klausel, daß er nicht vor 14 Uhr arbeiten müsse: Morgens kann man kein Lachen fabrizieren. Totò korrespondierte mit dem im Exil lebenden italienischen Königshaus Savoyen und war überzeugt, ein byzantinisches Gesicht zu haben, das an die Mosaiken von Ravenna erinnert. Andererseits leistet er sich Skurrilitäten wie den Werbegag, daß er unter Berufung auf Caligula, der sein Pferd zum Konsul ernannte, seinem Papagei Gennaro einen Adelstitel verleiht. Auch in seinen Filmen spielt er immer wieder mit seiner zwischen Hochadel und Gassenelend gespaltenen Person mit Wortspielen von Karl-Valentinhaftem Zuschnitt.

Als der Prinz von Byzanz aus der Sanità, der in der Kunst Totò hieß, 1967 starb, trauerte ganz Neapel. Sindaco Maurizio Valenti fand Worte von ehrlicher Ergriffenheit: „Als Bürgermeister von Neapel behauptete ich, daß Totò ganz Neapel war, und ich behaupte es immer noch. Authentischer Fürst der neapolitanischen Seele, repräsentiert er nicht nur eine unvergeßliche Persönlichkeit, sondern auch das Image einer Stadt, das durch ihn mit echter und großer Schlichtheit verkörpert wurde."

Nino Taranto, enger Schauspielerfreund und Komikerkollege, beschreibt in seinen Erinnerungen den stürmischen Abschied des Volkes von seinem Star, ein Begräbnis auf neapolitanisch, das Züge der Heiligenverehrung trägt:

Polizeikordons, die Masse, die drängt [...] wir waren schon am Bahnhof, und die Masse war unglaublich. Aus lauter Präpotenz haben sie den Leichenwagen gestoppt; und ich, drinnen im Auto, weinte wie ein Kind [...] dann kamen wir zum Carmine-Friedhof, und dort war ein Applaus, der fünf Minuten dauerte. Sie haben uns nicht erlaubt, ihn auf der Schulter zu tragen, wie es vorgesehen war. Nein, sie haben ihn sich gegriffen, die Masse, das unbekannte Volk, und sie haben ihn im Triumph in die Kirche getragen. Der Priester schaffte es nicht, Messe zu lesen. Es war ein riesiges Tohuwabohu. Sie wollten, daß ich spreche. Aber was sollte ich sagen? Ich sagte nur: „Totò, ich sage nur, daß das eins der größten Spektakel deiner Karriere ist.“ Und überwältigt vom Schmerz sagte ich nichts mehr.

Den schönsten Nachruf aber hat sich Totò in seiner Ballade ‚A livella‘ (Die Waage), die praktisch jeder Neapolitaner kennt, selbst geschrieben. Am Allerseelentag, am 2. November, belauscht ein abendlicher Friedhofsbesucher das Streitgespräch zweier Seelen, die recht verschieden gebettet sind. Unter Leuchtkreuz, Adelswappen, langer Trauerliste, Rosensträußen, Kerzen, Ewigen Lichtern und langer Grabinschrift ruht ein adeliger Marchese, daneben der Straßenfeger Esposito Gennaro.

Das ist das Leben! dacht ich mir in meinem Kopf …
der hat soviel gehabt, und der hat gar nichts!
Dieser Arme, bei der Madonna, hat er sich erwartet, daß er auch in der anderen Welt ein abgerissener Bettler sein würde?

Plötzlich, was seh' ich von fern?
Zwei Schatten nähern sich meiner Richtung …
Von wegen Einbildung; es war der Marchese
mit Schwalbenschwanz, Zylinderröhre und Cape,
doch der andere hinter ihm ganz stinkend,
zerlumpt und mit dem Besen in der Hand.

Lassen wir das Schlußwort den Leuten aus der Sanità, wo die *Unione cattolica operaia S. Vincenzo Ferrer*, die katholische Arbeiterunion, gegenüber von dem Geburtshaus ihr Vereinslokal in fast religiöser Ergriffenheit als „Tempel des Principe Antonio De Curtis“ bezeichnet und ihm auch lange vor dem offiziellen Neapel am 5. Juli 1978 eine Gedenktafel stiftete:

Unser Totò war ein unvergleichlicher Komiker wegen seiner Mimik, ein Mann von noblen Gefühlen, ein herausragender Poet und gehörte zu denen, die Italien den größten Künstlern der Welt gegenüberstellen kann.

Curzio Malaparte
Der Feuerregen

Der Himmel klaffte im Osten in einer gewaltigen Wunde, er blutete, und das Blut färbte das Meer tiefrot. Der Horizont zerbröckelte und stürzte in einen feurigen Abgrund. Von tiefem Schluchzen geschüttelt, zitterte die Erde, die Häuser schwankten in ihren Fundamenten, und schon hörte man Ziegel und Mauerwerk sich von den Dächern und Terrasseneinfassungen lösen und mit dumpfem Poltern aufs Straßenpflaster hinabstürzen, warnende Vorboten allgemeinen Unheils. Ein unheimliches Knistern und Knacken fegte durch die Luft, wie von brechenden und zermalmten Knochen. Und über diesem Lärm, über dem Jammern und Angstgeschrei des Volkes, das schwankend, wie blind, kreuz und quer durch die Straßen lief, erhob sich, den Himmel zerspaltend, ein schauerliches Brüllen.

Der Vesuv heulte in der Nacht, Blut und Feuer speiend. Seit dem Tag, da Herculanum und Pompeji lebend in ihr Grab von Asche und vulkanischem Gestein versanken, hatte man niemals am Himmel eine so fürchterliche Stimme vernommen. Ein riesenhafter Feuerbaum entquoll himmelhoch dem Schlunde des Vulkans; es war eine riesige, staunenerregende Säule aus Rauch und Flammen, die zum Firmament emporklomm, bis sie an die bleichen Gestirne hinanreichte. Längs der Flanken des Vesuvs züngelten Lavaströme abwärts, auf die im Grün der Weingärten verstreuten Dörfer zu. Der blutige Schein der weißglühenden Lava war so strahlend, dass er in unermesslichem Umkreis Berge und Ebene mit unvorstellbarer Strahlkraft packte. Bäume, Wasserläufe, Häuser, Wiesen, Äcker, Wege waren klar und scharf erkennbar, wie es bei Tage niemals vorkommt; die Erinnerung an die Sonne war fern und verblasst.

Man sah die Berge bei Agérola und die Einschnitte bei Avellino sich plötzlich zerlegen und die Geheimnisse ihrer grünen Täler und Wälder enthüllen. Und obwohl die Entfernung zwischen Vesuv und Monte di Dio, von dessen Höhe wir stumm vor Entsetzen das gewaltige Schauspiel betrachteten, viele Meilen beträgt, erkannte unser Auge, forschend und prüfend auf die eben noch so mondstille Vesuvlandschaft gerichtet, wie Männer, Frauen, Tiere, als seien sie von einer starken Linse herangezogen und vergrößert, in die Weingärten, auf die Felder, in die Obstpflanzungen flüchteten oder zwischen den Häusern der Dörfer umherirrten, die die Flammen schon von allen Seiten beleckten. Und das Auge nahm nicht nur Stellungen und Bewegungen der Menschen wahr, sondern unterschied sogar die gesträubten Haare, die zerrauften Bärte, die starrenden Augen und weitaufgerissenen Münder. Ja, man hatte den Eindruck, als höre man das Ächzen und Stöhnen, das sich ihrer Brust entrang.

Der Anblick des Meeres war vielleicht noch grauenerregender als der der Erde. Soweit der Blick reichte, sah man nichts als eine harte, fahle Kruste, übersät mit Löchern gleich den Narben einer ungeheuerlichen Blatternerkrankung; und unter dieser regungslosen Kruste ahnte man den Druck einer urweltlichen Kraft, eines mit Mühe gebändigten grimmigen Tobens, wie wenn das Meer drohe, sich aus der Tiefe zu heben, seinen harten Schildkrötenpanzer zu sprengen, um der Erde den Krieg anzusagen und ihren grausigen Aufruhr auszulöschen. Vor Portici, Torre del Greco, Torre Annunziata, Castellammare sah man Boote in Hast und Eile vom gefahrdrohenden Strand absetzen und verzweifelt allein mit den Rudern arbeiten, denn der

Sturm, der über dem Land heftig tobte, sackte auf dem Meer ab wie ein toter Vogel. Und andere Boote eilten von Sorrent, von Meta, von Capri herüber, um den unglücklichen Küstenorten, die von der Wut der Flammen bedrängt wurden, Hilfe zu bringen. Schlammströme wälzten sich träge die Hänge des Monte Somma hinab, wie schwarze Ottern sich ringelnd, und wo Schlammbäche mit Lavaflüssen zusammentrafen, erhoben sich hohe Wolken purpurnen Dampfes, und schreckliches Zischen wie das Sengen in Wasser getauchten glühenden Eisens drang bis zu uns herüber.

Eine gewaltige, schwarze Wolke, ähnlich dem Sack eines Tintenfisches – und wirklich heißen diese Wolken in Neapel *seppia*, wie der Tintenfisch –, aus Asche und glühendem Lapilli [Steinchen] bestehend, riss sich mühsam vom Gipfel des Vesuvs los, und vom Wind getrieben, der zum unvorstellbaren Glück Neapels aus Nordwesten wehte, schleppte sie sich langsam über den Himmel in Richtung auf Castellammare di Stabia. Der dröhnende Lärm, mit dem diese schwarze lapilliträchtige Wolke am Himmel dahinrollte, glich dem Gepolter eines mit Steinen beladenen Wagens, der sich über eine holprige Straße vorwärts bewegt. Von Zeit zu Zeit ergoss sich aus einem Riss der Wolke eine Sturzflut von Lapilli über Land und Meer, fiel auf die Felder und die starre Kruste der Wellen mit eben dem Getöse eines Fahrzeugs, das seine Steinladung auskippt; und wenn die Lapilli auf dem Erdboden und die harte Meereskruste aufschlugen, wirbelten sie Wolken rötlichen Staubes empor, der sich, die Sterne verdunkelnd, am Himmel ausbreitete. Der Vesuv brüllte fürchterlich in die rote Finsternis der angsterfüllten Nacht, und ein Schluchzen der Verzweiflung legte sich über die unglückliche Stadt.

Dieter Richter

Der Vesuv. Er raucht nicht mehr

Von 9 bis 17 Uhr geöffnet

Wer heute dem Vesuv seine Reverenz erweisen möchte, begegnet einer entthronten Majestät, einer erkalteten Schönen. Und die Rituale, mit denen sich die Begegnung vollzieht, haben den Berg banalisiert. Die Besucher, es sind bei heiterem Wetter viele Tausende am Tag, kommen in der Regel mit großen Reisebussen oder im eigenen Auto über die schmale, kurvenreiche Straße, die sich von der Autobahn Neapel – Salerno die Hänge des Berges hinaufwindet. Sie endet an einem großen, staubigen Parkplatz mit den üblichen touristischen Etablissements. Von dort geht es zu Fuß weiter, nachdem man am Kassenhäuschen Eintritt – Eintritt für einen Berg! – bezahlt hat. Der anschließende Serpentinenweg über die Aschehalde des Auswurfkegels führt nach einigen hundert Metern auf den Gipfel. Vor einigen Jahren konnte man sich auf diesem Weg wenigstens noch die Schuhe ruinieren, inzwischen ist er festgetreten und ohne jede Mühe begehbar. Manchmal passiert ihn auch ein Geländewagen. Um 17 Uhr schließt der Berg, bei schlechtem Wetter bleibt er ohnehin geschlossen.

Seiner Entwürdigung setzt der Berg freilich immer noch seine bloße Existenz entgegen. Wer den Gipfel erreicht hat, am Rand des gezackten Kraters steht und unvermittelt in die Tiefe blickt, kann sich eines Schwindelgefühls nur schwer erwehren, das seine

Ursprünge in der Ahnung anderer, unauslotbarer Tiefen hat. Gelegentlich poltern Steine in den Abgrund, unterbrechen für kurze Augenblicke die Stille, die aus dem gewaltigen Schallbecken aufsteigt, an dessen Rand Fumarolen [Wasserdampf bzw. vulkanische Gase] dampfen. Es ist die Stille vor aller Zeit und jenseits aller schöpferischen Bewegung, Erinnerung an Anfang und Ende und an die Flüchtigkeit und Unvollkommenheit dessen, was ist.

Schutzbedürftige Schönheit. Der „Nationalpark Vesuv"

Wer den Vesuv besteigen möchte (was bis vor einigen Jahren noch möglich war), muß dies heute in Absprache mit der Verwaltung des „Nationalpark Vesuv" tun, die für die Zukunft die Einrichtung eines Wanderwege-Netzes in Aussicht gestellt hat. Der *Parco Nazionale del Vesuvio* wurde 1995 zum Schutz der Vesuv-Region ins Leben gerufen – zum ersten Mal in seiner Geschichte bedarf der mächtige Berg des menschlichen Schutzes. In der Zeit nach dem Zweiten Weltkrieg erlebte die Region rings um den Vesuv im Großraum Neapel einen wilden, durch Spekulation und das Fehlen von Bebauungsplänen begünstigten Bau-Boom, der den einstigen *Miglio d'oro*, die „Goldene Meile" mit ihren Villen, Landhäusern und kleinen Ortschaften am Meer, verunstaltet, in ein überbesiedeltes und verkehrsbelastetes Territorium verwandelt hat. Die traditionsreiche *Circumvesuviana*, die kleine Eisenbahn, die seit 1839 die einzelnen Ortschaften rings um den Golf verband, fährt heute von Neapel bis Castellammare durch ein einziges großes Häusermeer. Portici, unmittelbar am Vesuv gelegen, ist mit 14 726 Einwohnern pro Quadratkilometer die am dichtesten besiedelte Gemeinde in ganz Italien. Zäher als die Lava des Vesuv hat sich grauer Beton über die Landschaft gelegt, hat sich nach und nach über die Hänge des Berges ausgebreitet. Die Ortschaften, die früher am Meer, „zu Füßen" des Berges lagen, haben sich inzwischen immer weiter nach oben, in seine Flanken hinein ausgebreitet. Häuser und Hütten, oft immer noch Bauruinen, Restaurants und Ausflugslokale, oft bereits wieder stillgelegt oder saisonal geschlossen, verunzieren auch in höheren Lagen das Gesicht des Berges.

Die Gründung des „Nationalpark Vesuv" wollte dieser unkontrollierten Entwicklung den Kampf ansagen, darüber hinaus Fauna und Flora der Region schützen und zu ihrer kulturellen Wiederbelebung beitragen. Denn längst ist Leopardis berühmter Ginster am Vesuv mehr als eine romantische Metapher. Die „Blume der Wildnis" (Leopardi) steht heute für das Ensemble eines natürlichen Reichtums an wilder Macchia und einer einzigartigen Vegetation, der dem vulkanischen Boden seinen Ursprung verdankt. Eine unscheinbare, silbergrau schimmernde Flechte mit dem Namen *Stereocaulon vesuvianum* spielt in diesem Zusammenhang eine wichtige Rolle. Sie siedelt sich auf der erkalteten Lava an und bereitet auf diese Weise als „Pionierpflanze" den Boden für nachkommende Vegetation: auch im Zeitalter der Ökologie sichtbarer Ausdruck der aufklärerischen Hoffnung, daß Zerstörung Leben sei.

Alles unter Kontrolle. Im Visier der Wissenschaft

Nur wenige der Touristen, die täglich auf dem Berg herumspazieren, ahnen, daß ihre Schritte ein langes, unhörbares Echo auslösen: Der Vesuv und das umliegende Territorium sind seit den 1990er Jahren von einem dichten Netz hochsensibler Meßgeräte überzogen, die jede vorgehende Veränderung registrieren und die Daten über einen Sender an das Vesuv-Observatorium in Neapel weiterleiten. Herzstück ist ein System von Seismographen, die auch feinste Erderschütterungen aufzeichnen. Hinzu kommen satellitengestützte geodätische, clinometrische und gravimetrische Meßstationen, die Bodenveränderungen und Veränderungen des lokalen Schwerefeldes – nicht selten Anzeichen eines bevorstehenden Ausbruchs – registrieren. Geochemische Analysen der Gas-Emissionen in den Fumarolen – auch ihre Veränderungen können auf neue Entwicklungen im Erdinneren hinweisen – ergänzen das Instrumentarium, ferner Messungen der Wasser-Temperaturen in Brunnen und Quellen und des Meereshubes am Golf. Die gleichen Überwachungssysteme (Seismographie, Geodäsie, Clinometrie, Gravimetrie, Geochemie und Pegelhub) sind auch in den Campi Flegrei am Golf von Pozzuoli im Einsatz, dem zweiten großen Risikoherd der Region. Der dortige Vulkan, der nach Einschätzung der örtlichen Vulkanologen das größere Gefahrenpotential darstellt, brach zum letzten Mal im Jahr 1538 aus und tritt heute vor allem durch starke Fumarolenbildung in der Solfatara [Vulkankrater] in Erscheinung. Auch der dritte Vulkan der Region, die Insel Ischia (sie erlebte den letzten Ausbruch im Jahr 1302), wird seismisch und gravimetrisch überwacht. Die Signale der einzelnen Meßpunkte werden in Realzeit an den zentralen Monitor-Raum des Vesuv-Observatoriums in Neapel weitergeleitet, der Tag und Nacht besetzt ist.

Das differenzierte *monitoring system*, mit dessen Hilfe auch kleinste Veränderungen am Berg sofort erkannt werden können, schließt in jedem Fall das aus, was in den Köpfen von Ortsunkundigen immer wieder als Katastrophen-Szenario herumspukt: daß nämlich der Vesuv gleichsam von einem Augenblick zum anderen wieder „ausbrechen" könne. Die Magmakammer befindet sich derzeit in rund 10 000 Metern Tiefe, der Förderschlot ist verstopft. Sollte die Gesteinsschmelze in Bewegung geraten und nach oben drängen, könnte das nicht unbemerkt geschehen. Die größere Gefahr für die Region sind Erdbeben – für sie ist eine Vorhersage immer noch nicht möglich.

Natürlich ist es möglich, daß der schlafende Riese wieder erwacht, der „alte Mordbrenner“ (Sigismund von Birken, 1676) auf neue Untaten sinnt. Das kann in 30, in 300 oder in 3000 Jahren sein, sagt Giovanni Orsi, Professor am Vesuv-Observatorium; die Natur rechnet nicht in menschlichen Zeiträumen. Was dann zu geschehen hätte (der Konjunktiv hat hier ein besonderes Gewicht), legt ein Katastrophenplan von 1991 fest, der 1998 aktualisiert wurde. Zustande gekommen ist er nicht zuletzt durch die Auswertung jüngster Erkenntnisse zum Ablauf historischer Katastrophen, etwa der Ausbrüche von 79 und 1631, und darauf aufbauender Computer-Simulationen, welche die historischen Ereignisse in die aktuelle Topographie und Urbanistik der Region übertragen.

Unter den verschiedenen Typen vulkanischer Aktivitäten (explosiv, effusiv, strombolianisch, phreatomagmatisch etc.) sind die explosiven Eruptionen besonders gefährlich; rund 100 von ihnen hat es in den vergangenen 10 000 Jahren am Golf von Neapel gegeben. In ihrem Gefolge können sich sogenannte pyroklastische Wolken bilden, glühendheiße Gas- und Asche-Lawinen, die mit hoher Geschwindigkeit zu Tal rasen und jegliches Leben auslöschen. Pyroklastische *surges* waren am Untergang von Pompeji und Herculaneum im Jahre 79 beteiligt; beim Ausbruch des Mont Pelée auf der Karibik-Insel Martinique 1902 wurde ihre Gefährlichkeit zum ersten Mal von den Wissenschaftlern erkannt. 29 000 Menschen wurden damals innerhalb weniger Minuten Opfer einer solchen Glutlawine. Daß durch Prognostik und rechtzeitige Evakuierung der Bevölkerung das Schlimmste verhindert werden kann, hat der Ausbruch des Pinatubo auf den Philippinen 1991 gezeigt. Der Vulkan galt nach einer 500jährigen Ruhezeit als erloschen; daß ein Ausbruch unmittelbar bevorstehe, wurde von den Wissenschaftlern prognostiziert. Zehntausende von Menschen wurden daraufhin aus der Gefahrenzone evakuiert, über die dann tatsächlich eine pyroklastische Wolke niederging.

Die Katastrophenpläne

Der Vesuv hat seit dem letzten Ausbruch von 1944 keine vulkanischen Aktivitäten mehr gezeigt – abgesehen von einer teils lebhafteren, teils schwächeren Fumarolenbildung im Krater. Dennoch ist er kein „erloschener" Vulkan. Und, auch diese Regel lehrt die historische Vulkanologie: Je länger eine Ruhephase dauert, um so heftiger setzt eine neue vulkanische Aktivität ein. Rund um den Vesuv leben heute etwa drei Millionen Menschen; die Verkehrs-Infrastruktur ist schwach entwickelt, der Küstenstreifen zwischen Berg und Meer ist schmal. Die Katastrophenpläne gehen vom *Maximum Expected Event* (MEE) aus, wie er durch einen explosiven Paroxysmus mit Austritt pyroklastischer Ströme definiert wäre. In welchem Ausmaß das umliegende Areal davon tangiert wäre, ist umstritten. Die erst jüngst publizierte Rekonstruktion des Ablaufs der großen bronzezeitlichen Eruption der „Pomici di Avellino" wurde von den Autoren mit der Hypothese präsentiert, daß, sollte sich eine Katastrophe dieses Ausmaßes heute ereignen, auch die Millionenstadt Neapel unmittelbar gefährdet wäre.

Der aktuelle Notstandsplan (1998) unterscheidet drei Risikozonen. Die „Rote Zone" umfaßt, auf einer Fläche von 236 Quadratkilometern, das Areal rings um den Vesuv mit insgesamt 18 Gemeinden, darunter den 13 *Comuni Vesuviani* (unter anderem die Ortschaften San Sebastiano, Portici, Ercolano, Pompeji). In dieser Zone mit dem höchsten Risiko leben rund 600 000 Menschen; sie wären im Falle einer explosiven Eruption durch pyroklastische Wolken, schweren Steinschlag (vulkanische „Bomben") und Schlammlawinen, sogenannten Lahars, unmittelbar bedroht. Während des Ausbruchs von 472, so haben es die Vulkanologen durch Bodenanalysen errechnet, wurden rund 40 Prozent des Areals der „Roten Zone" total zerstört.

Die „Gelbe Zone" markiert auf einer ausgedehnteren Fläche von 1125 Quadratkilometern das Gebiet östlich und nordöstlich des Vulkans bis zur Stadt Avellino, mit 96 Kommunen in den Provinzen Neapel, Avellino, Benevent und Salerno und einer Bevölkerungszahl von 1 100 000 Menschen. Es wäre im Falle eines Ausbruchs – vor allem bei den vorherrschenden Westwinden – durch dichte Lapilli- und Asche-Niederschläge bedroht. Während des Ausbruchs von 1631 wurden rund 10 Prozent dieses Areals erheblich tangiert.

An die „Gelbe" schließt im Nordosten des Vulkans zwischen Aversa und Nola die „Blaue Zone" an. Sie umfaßt 14 Kommunen mit einer Einwohnerzahl von 180 000 Menschen und könnte außer durch Niederschläge auch durch besonders weitreichende *surges* bedroht sein.

Räumen sollen wir die Hütten …?
Notstandsfall und Evakuierung

Die Notstandspläne des Staatlichen Zivilschutzes sehen vor, daß im Falle gravierender Veränderungen der im Observatorium einlaufenden Meßdaten die Bevölkerung zunächst gewarnt würde. Sollte die weitere Entwicklung Hinweise auf einen tatsächlich zu befürchtenden Ausbruch geben („präeruptiver Zustand"), würde die gesamte Bevölkerung der „Roten Zone" unverzüglich, das heißt *vor* einem Ausbruch evakuiert. Jede der 18 Kommunen dieser Zone unterhält eine Art Partnerschaft mit einer anderen italienischen Region oder Gemeinde, die in diesem Falle als „Fluchtort" zur Verfügung stünde.

Die staatlichen Notstandspläne sind umstritten. Kritik kommt unter anderem von dem interdisziplinären Projekt „Vesuvius 2000", dem auch der frühere Direktor des Vesuv-Observatoriums Giuseppe Luongo angehört. Die Kritiker bezweifeln nicht nur die technische Realisierbarkeit einer derart umfassenden Evakuierungsmaßnahme; sie wenden sich auch gegen die ausschließliche Übertragung der Verantwortung im Notstandsfall an die Autorität der Wissenschaft und eine zentrale staatliche Behörde. Statt dessen gelte es, die Bevölkerung zu einer umfassenden „Kultur der Sicherheit" zu erziehen, die es den Menschen ermögliche, Risiken einzuschätzen und auf drohende Gefahren selbstbestimmt zu reagieren. Nicht um die globale Planung einer Massenflucht dürfe es gehen, sondern um das Ziel eines „sicheren Zusammenlebens der Bevölkerung mit dem Vesuv".

In jedem Fall stellt die Massierung der Bevölkerung in der unmittelbaren Gefahrenzone den größten Risikofaktor dar. Die Region Kampanien hat daher im Jahr 2003 eine Art Bonusprogramm aufgelegt, um die dicht besiedelte Gegend „auszudünnen": Jede Mieter-Familie, die die „Rote Zone" freiwillig verläßt, erhält eine finanzielle Zuwendung. Allerdings haben bisher nur wenige von diesem Angebot Gebrauch gemacht.

Der Vesuv, an dem wir hausen,
Der mit einem Ausbruch droht:
Bis die Lavaströme brausen,
Schreckt uns weiter keine Not.
[…]
Sollen räumen wir die Hütten,
Wo die Väter wohnten? Nein!
Bis der Sturm sie wird zerrütten,
Reißen wir nicht selbst sie ein.

So dichtete schon Friedrich Rückert 1818 in seinem „Lied vom Vesuv", und daran hat sich bis heute nicht viel geändert. Fragt man Menschen, die in der „Roten Zone" leben, ob sie Angst vor dem Vesuv hätten, so antworten sie meist mit einem spontanen Nein. Kaum einer beruft sich dabei allerdings darauf, dass das *Osservatorio Vesuviano* den Berg unter Kontrolle habe. Die Zuversicht nährt sich aus einer Art von genealogischem Urvertrauen. *I nostri antenati vivevano qui …*, „Unsere Vorfahren haben hier gelebt …“, erhält man gerne zur Antwort. Es ist die Zuversicht, welche die Toten vergangener Generationen auf ihrer Seite weiß. Die Verbindung der Lebenden mit den Toten, die hier im Süden tief in den Alltag einwirkt, ist auch Quelle der Hoffnung, auf der *terra nativa* überleben zu können, auch wenn dieser Heimatboden schwankend und brüchig ist und zu einer Risikozone erster Ordnung gehört.

Friedrich Schiller

Pompeji und Herkulanum

Welches Wunder begibt sich? Wir flehten um trinkbare Quellen,
Erde! dich an und was sendet dein Schoß uns herauf?
Lebt es im Abgrund auch? Wohnt unter der Lava verborgen
Noch ein neues Geschlecht? Kehrt das entfloh'ne zurück?
Griechen! Römer! O kommt! O seht, das alte Pompeji
Findet sich wieder, aufs neue bauet sich Herkules' Stadt.
Giebel an Giebel steigt, der räumige Portikus öffnet
Seine Hallen, o eilt ihn zu beleben herbei!
Aufgetan ist das weite Theater, es stürze durch seine
Sieben Mündungen sich flutend die Menge herein.
Mimen wo bleibt ihr? Hervor! Das bereitete Opfer vollende
Atreus' Sohn, dem Orest folge der grausende Chor.
Wohin führet der Bogen des Siegs? Erkennt ihr das Forum?
Was für Gestalten sind das auf dem kurulischen Stuhl?
Traget, Liktoren, die Beile voran! Den Sessel besteige
Richtend der Prätor, der Zeug' trete, der Kläger vor ihn.
Reinliche Gassen breiten sich aus, mit erhöhetem Pflaster

Ziehet der schmälere Weg neben den Häusern sich hin.
Schützend springen die Dächer hervor, die zierlichen Zimmer
Reih'n um den einsamen Hof heimlich und traulich sich her.
Öffnet die Läden geschwind und die lange verschütteten Türen,
In die schaudrichte Nacht falle der lustige Tag.
Siehe, wie rings um den Rand die netten Bänke sich dehnen,
Wie von buntem Gestein schimmernd das Estrich sich hebt!
Frisch noch erglänzt die Wand von heiter brennenden Farben,
Wo ist der Künstler? Er warf eben den Pinsel hinweg.
Schwellender Früchte voll und lieblich geordneter Blumen
Fasset der muntre Feston reizende Bildungen ein.
Mit beladenem Korb schlüpft hier ein Amor vorüber,
Emsige Genien dort keltern den purpurnen Wein.
Hoch auf springt die Bacchantin im Tanz, dort ruhet sie schlummernd,
Und der lauschende Faun hat sich nicht satt noch gesehn.
Flüchtig tummelt sie hier den raschen Kentauren, auf Einem
Knie nur schwebend, und treibt frisch mit dem Thyrsus ihn an.
Knaben! Was säumt ihr? Herbei! Da stehn noch die schönen Geschirre,
Frisch ihr Mädchen, und schöpft in den etrurischen Krug.
Steht nicht der Dreifuß hier auf schön geflügelten Sphinxen,
Schüret das Feuer! Geschwind, Sklaven! Bestellet den Herd!

Kauft, hier geb' ich euch Münzen vom mächtigen Titus gepräget,
Auch noch die Waage liegt hier, sehet, es fehlt kein Gewicht.
Stecket das brennende Licht auf den zierlich gebildeten Leuchter,
Und mit glänzendem Öl fülle die Lampe sich an.
Was verwahret dies Kästchen? O seht, was der Bräutigam sendet,
Mädchen! Spangen von Gold, glänzende Pasten zum Schmuck!
Führet die Braut in das duftende Bad, hier stehn noch die Salben,
Schminke find' ich noch hier in dem gehöhlten Krystall.
Aber wo bleiben die Männer? die Alten? Im ernsten Museum
Liegt noch ein köstlicher Schatz seltener Rollen gehäuft.
Griffel findet ihr hier, zum Schreiben wächserne Tafeln,
Nichts ist verloren, getreu hat es die Erde bewahrt.
Auch die Penaten sie stellen sich ein, es finden sich alle
Götter wieder, warum bleiben die Priester nur aus?
Den Caduceus schwingt der zierlich geschenkelte Hermes
Und die Viktoria fliegt leicht aus der haltenden Hand.
Die Altäre, sie stehen noch da, o kommet, o zündet,
Lang schon entbehrte der Gott, zündet die Opfer ihm an!

Dieter Bartetzko

Pompeji

Im Sommer wird in Pompeji die Luft abends wie Seide. Vom Meer her weht eine sanfte Brise über den hohen Hügel, auf dem sich die Ruinen der antiken Stadt ausbreiten. In ihren Straßen, deren schartige Konturen die Abendsonne weich macht, ist es dann ganz still; die Touristen verlassen gegen 17 Uhr das Gelände, die hartnäckigen Schwärmer, die bis zur offiziellen Schließung bleiben, verlieren sich im Gewirr der Gassen, Plätze und Viertel. Wir schlendern die Via del Mercurio hinunter, die zum Forum führt. Der Blick fällt auf den zierlichen Triumphbogen, der Straße und Platz verbindet. Überlebende haben vor fast 2000 Jahren seinen Marmor demontiert. Das sanfte rote Glühen des zurückgebliebenen ziegelsteinernen Kerns entschädigt für den verschwundenen Glanz. Die Bogenöffnung rahmt das Panorama der mächtigen Monti Lattari, die bläulich im Abendlicht verschwimmen. Georg Hackert, der Landschaftsmaler der Frühromantik, wäre hingerissen. Vor dem Triumphbogen balgen sich zwei magere Promenadenmischungen. Der feine Sand zwischen den Platten des blank geschliffenen Straßenpflasters aus Lavagestein umwirbelt ihre Körper. Die Hunde bemerken uns erst nicht. Als ein lauter Schritt sie doch alarmiert, verwandeln die beiden sich schlagartig: Sie lassen die Lefzen hängen, ihr Rückgrat sinkt ein, sie schleppen sich mit müdem Blick auf uns zu; einer hinkt sogar. Als deutlich wird, dass nichts für sie abfallen wird, wenden die

Streuner sich ab und setzen, als hätte es uns nie gegeben, ihren Scheinkampf fort.

Es sind Hunde wie diese, von denen sich Besucher des Weltkulturerbes Pompeji belästigt fühlen. Die italienische Regierung hat es zum Notstandsgebiet erklärt und einen Sonderkommissar berufen – natürlich nicht allein wegen der Hunde, von denen es hier weitaus unangenehmere Exemplare gibt, sondern vor allem wegen der Raubgrabungen, die hier unvermindert weitergehen, wegen der skandalösen hygienischen Zustände und der fehlenden Toiletten für Touristen, wegen der Einsturzgefahr: Auf den Trümmern von Pompeji wachsen immer neue. Geht es so weiter, könnte das Areal auf der Roten Liste landen. Die italienische Sektion der UNESCO will das aber nicht kommentieren. Doch in der ausgegrabenen Stadt gehen schon jetzt die Geister um. Meist sind es Abgüsse toter Pompejaner, deren Leiber bei der Katastrophe von Asche bedeckt wurden, die sich verfestigte und so die Umrisse der verwesten Körper als Hohlformen bewahrte. Die Faszination, die von diesen Mischwesen aus Leben, Tod und Kunst ausgeht, hat sich in einer anhaltenden Flut von Pompeji-Romanen niedergeschlagen. „Die wilden Hunde von Pompeji“ hat Helmut Krausser erst vor ein paar Jahren verewigt. Begonnen hat es aber mit dem Abdruck einer jungen Frau, die in der sogenannten „Villa di Diomede“ ums Leben kam und 1835 Edward Bulwer das Vorbild für die dekadente Julia seines Klassikers „Die letzten Tage von Pompeji“ lieferte. Derselbe Abdruck führte zu Théophile Gautiers Schauernovelle „Arria Marcella“ und Wilhelm Jensens Fantasiestück „Gradiva“. Der gleichen Faszination verfallen, schrieb Philipp Vandenberg 1986 rund um den Abguss eines Mannes, dessen Gesicht der Todeskampf zu einem scheinbar sardonischen Lächeln verzerrte, seinen Roman „Der Pompejaner“, und im Finale seines Bestsellers „Pompeji“ von 2004 erzählt Richard Harris furios die Todeskämpfe nach, die in der Haltung und den Gesten der Gipsleichname festgehalten sind.

Ob Schund oder Kunst: All diese Erzählungen fesseln, weil sie vom unausweichlichen Schicksal handeln – und von jenem Menetekel, zu dem Pompeji wurde, als der Vesuv es in einer Zeitkapsel versiegelte. So unweigerlich, wie alle Pompeji-Romane mit dem Massensterben enden, geht deshalb in ihnen dem Tod das pralle mediterrane Leben voran, die Vitalität der einstigen Pompejaner, die Schönheit ihrer Bauten und Kunstwerke, die Üppigkeit ihrer Gärten, die Fruchtbarkeit ihrer Felder; kaum etwas fesselt so wie hoffnungslos zum Untergang verurteilte Schönheit.

Trotz alledem stemmt sich die italienische Politik jetzt offenbar gegen den Verfall. Kürzlich ließ die Soprintendenza von Pompeji mehrere der großen Weingärten, die man am südlichen Stadtrand ausgegraben hat, wieder bepflanzen. Wer das Glück hat, eine der meist verschlossenen Pforten der ummauerten Areale offen zu finden, möchte Stunden dort bleiben. Die stechende Sonne bricht sich tausendfach in den kristallinen Einsprengseln des Mauerwerks ringsum, von den bewässerten Böden und den feucht glänzenden Weinblättern steigen Kühle und ein opakes Zauberlicht auf, das man auch in den antiken Stillleben Pompejis findet; der Abstand zwischen einst und jetzt schmilzt, die tote Stadt scheint auferstanden und das Leben ewig oder doch in der Schwebe zwischen Dauer und Ende.

In diesem Jahr lädt ein neuer intimer Botanischer Garten ein. Zu ihm führt eine schmale Sackgasse, die an Pompejis einst von lautstarken Bürgern, heute von lärmenden Touristen bevölkerter Hauptstraße abzweigt. Am Ende des Torwegs öffnet sich ein schmales Portal auf einen überraschend weitläufigen Garten, der wohl einst das Herzstück eines Patrizierhauses gewesen ist. Nun gedeihen hier Rückzüchtungen von Blumen, Kräutern und Nutzhölzern des antiken Pompeji. Die Luft flirrt, Schattenspiele aus Spalieren hindern erst die Sicht, dann werden sie zur Wohltat. Eine Insel, deren Stille sich auf alle überträgt.

Feine Rauchschwaden ziehen über die Ziersträucher. Sie quellen aus einer Tonschale, in der, angenehm würzig und doch leicht, Kräuter und getrocknete Blumen schwelen. So, teilt uns eine hübsche junge Frau mit, pflegten die Reichen im antiken Pompeji ihre Villen mit Wohlgerüchen zu füllen. Sie verkauft Duftöle – das antike Pompeji war bekannt für die Produktion besonders intensiver und dauerhafter Parfüms – die nach Originalrezepten zubereitet und in Nachbildungen antiker Glasphiolen versiegelt sind; Zimt, Rosen, Veilchen, Lavendel und Lilien, aber auch Basilikum, Rosmarin, Fenchel oder Thymian sind Grundbestandteile. Der Duft dieser oft obskuren Mischungen ist überraschend frisch und angenehm.

Im heutigen Pompeji sind Nelken ein Hauptausfuhrprodukt. Sie werden in riesigen Gewächshäusern gezüchtet. Parfüms werden nicht mehr hergestellt. Die Allerweltsaromen penetranter Deodorants und Erfrischungstücher überfallen einen, sobald man das antike „Lupanar“ [Bordell] erreicht hat, vor dem schwitzende Touristen Schlange stehen. Das Gebäude, es war eines von mehreren armseligen Bordellen für Matrosen, Hafenarbeiter, Winzer und Lastenträger, steht versteckt in einer idyllischen, abschüssigen, krummen Gasse. Trotzdem ist es eine Attraktion, die jeder findet. Um die pornografischen kleinen Fresken und obszönen Graffiti über den zellenartig gereihten, engen Kammern zu betrachten, in denen gemauerte Betten fast den gesamten Raum ausfüllen.

Vor zwei Jahren schloss man den vom stetigen Besucherstrom verschlissenen Bau zwecks Restaurierung. Jetzt präsentiert er sich in Hochglanz; die ausgemergelten hölzernen Türstürze und Holztüren sind erneuert, die Wände gereinigt, die Fresken reflexfrei verglast, die neue Beleuchtung raffiniert. Je nach Temperament und ‚Weltsicht reden die Besucher im Lupanar von Laster oder Freizügigkeit. So oder so sind sie die Akteure eines jahrtausendealten Spiels: „Pecunia non olet" – dass die Anziehungskraft des Lupanars auf die heutigen Besucher und auch seine rasante Restaurierung denselben Gesetzen folgen, die in jedem Rotlichtviertel von heute herrschen, zeigt der Vergleich mit Pompejis „Casa dei Vettii", einem reichen Kaufmannshaus in Forumsnähe, das im selben Jahr und mit derselben Begründung wie das Lupanar geschlossen wurde.

1906 hatte man es wegen seines außergewöhnlich guten Zustands schon während der Ausgrabung vollständig restauriert und als Musterbeispiel einer pompejanischen Stadtvilla geöffnet. Etwa 100 Jahre lang war sie ein Muss für jede Pompeji-Besichtigung, genauso lange geschah nichts zum Erhalt der morschen Mauern. Jetzt sind die schäbigen rostenden Drahtnetze – irgendwann unter die Decken der Prunksäle genagelt, um den herabfallenden Putz aufzufangen – vom Gewicht des Schutts zum Zerreißen gespannt. Ein Schild wurde angebracht, „Wegen Restaurierung geschlossen", seither hat sich nichts getan.

Die Attraktion der Attraktion in der „Casa dei Vettii" war und ist ein Fries auf tizianrotem und schwarzem Grund. Hauchfein delikat gemalt, zeigt er zierliche Eroten als Goldschmiede, Winzer, Parfümverkäufer und Priester. Die Besucher werden sich auf unabsehbare Zeit mit den Postern begnügen müssen, die jeder Buchladen und Andenkenstand rings um die Ausgrabungen anbietet. Verkaufsschlager sind auch die Reproduktionen eines Freskos vom Eingang des Hauses und einer Marmorstatuette aus einem Nebenbau. Beide stellen Priapus dar, das Gott gewordene männliche Geschlecht. Auf dem Wandgemälde erscheint er als Glücksbringer; ein muskulöser Orientale mit phrygischer Zipfelmütze, der sein überdimensionales

Glied auf einer Goldwaage wiegt. Die Marmorfigur dagegen, ursprünglich im Garten zur Abwehr von Dieben und Dämonen aufgestellt, präsentiert einen maliziös lächelnden Jünglingsgott, der seine Erektion so warnend hält wie ein Gladiator die Lanze.

Das Gemunkel der bigotten Ausgräber von 1906, der Hausherr habe auf diese Weise seine dekadenten homosexuellen Neigungen gepflegt, ist vergessen. Deswegen vielleicht wird an der „Casa dei Vettii" nicht so schnell gearbeitet wie am Lupanar. Ansonsten aber funktioniert die Verwertung der Erotika bestens. Kein Stand, an dem nicht Bilder und kleine billige Repliken sämtlicher als pornografisch missverstandener pompejanischer Kunstwerke zu haben sind. Oft in stiller Eintracht mit christlichem Kitsch, der in Neu-Pompeji, einem der bedeutendsten Marien-Wallfahrtsorte Italiens, reißenden Absatz findet. Dementsprechend baumeln an den Hälsen junger Männer, die ebenso gut Ministranten in der Marienkirche des neuen wie Aufseher im Lupanar des alten Pompeji sein könnten, Goldkreuze und kleine Phalloi aus Korallen, die denen, die im antiken Pompeji ausgegraben wurden, sehr gleichen. Doppelmoral? Oder das Doppelgesicht zeitlosen fetischistischen Aberglaubens? Wohl beides.

Pompejis Handel mit und Glaube an diese Erotika ist der Brennspiegel dafür, dass neben allem kulturellen Engagement Profitgier die Welterbestätte regiert. Zu ihr gehört auch die Willkür, wie sie sich im absurden Ungleichgewicht des Bauens in dieser Region zeigt. Sichert einerseits nicht einmal der beschriebene Priapismus der „Casa dei Vettii" die dringend notwendige Restaurierung, wachsen andererseits am Rand der Ausgrabungen Neubauten in Windeseile: Ein futuristisch gestalteter neuer Eingang entsteht, ein weiterer samt Buchladen ist – zwei Schritte von einem erst vor wenigen Jahren eröffneten Hauptzugang – inzwischen in Benutzung. Daneben wird an einem Großbau für die Soprintendenza gearbeitet, in dessen

Nähe eine monumentale Halle und ein kubistisch verschachtelter Betonbau hochgezogen werden, beide unerfindlicher Bestimmung. Bauschilder sind in Pompeji unüblich.

Das Bild dieser Baustellen im Kopf, steht man dann verschwitzt und durstig vor einem der Brunnen, die an jeder wichtigen Kreuzung des antiken Pompeji die Bewohner mit bestem Quellwasser versorgten. Alle sind knochentrocken, ihre Becken benutzen Touristen als Mülleimer. Die Verwaltung, die so eifrig Kassen baut, hat es in all den Jahren lediglich geschafft, einen einzigen, permanent umlagerten Brunnen wieder mit Wasser zu versorgen. Eine einzige, ständig überfüllte Cafeteria hält man hier für ausreichend, täglich Tausende Besucher zu versorgen. Wer sich auskannte, konnte vor einigen Jahren noch der nervenzehrenden Enge entgehen und seinen Cappuccino im versteckten, hübschen Säulenhof der angrenzenden „Forumsthermen" oder in einer überrankten, nach antikem Vorbild gezimmerten hölzernen Laube trinken. Doch die ist inzwischen zum Stellplatz für Mülltonnen umfunktioniert, während der Säulenhof irgendwann kommentarlos geschlossen wurde. Wut? Ja, man ärgert sich schwarz angesichts dieser Trägheit und Ignoranz, die Hand in Hand mit dem Gewinnstreben geht. Doch dann schmeckt ein achtlos zubereiteter Espresso so köstlich – und man lässt sich erneut vom Zauber Pompejis einfangen.

Worin er besteht, hat Théophile Gautier meisterhaft beschrieben. Wie sein Held, der Pariser Flaneur Octavien, betrachten wir gebannt „jene Spurrillen, die die Karren tief in das zyklopische Pflaster eingefahren hatten und die – so frisch ist noch ihr Abdruck – erst von gestern zu stammen scheinen". An einer dieser magischen Straßen liegt die „Casa del Labirinto", ein einstiger Stadtpalast. Seinen Namen verdankt er einem Fußbodenmosaik, dessen Mittelbild, umgeben von einem Labyrinth, die Tötung des Minotauros durch

Theseus zeigt. Vorn ringt der Heros mit dem stierköpfigen menschengestaltigen Monster, dahinter umklammern sich zitternd die athenischen Mädchen und Jungen, die den Kampf beobachten, der für sie über Leben und Tod entscheidet. Picasso inspirierte die Darstellung zu seiner berühmten Minotauros-Serie.

Das Mosaik schmückt ein Triklinium, einen festlichen Speisesaal der „Casa del Labirinto", den zwei *oeci*, Ruheräume mit Marmorböden und noblen Wandgemälden, flankieren. Vor eineinhalb Jahren brach die Betondecke, die man in den 1920er Jahren als Schutz angebracht hatte, über den drei Räumen zusammen. Sämtliche Warnungen von Experten waren wirkungslos geblieben, nach dem Einsturz geschah jahrelang nichts. Nun sind die Räume bestens restauriert; das Mosaik ist gottlob unversehrt geblieben, die Böden haben bis auf minimale Schäden standgehalten. Ungetrübt ist die Freude über diese Auferstehung jedoch nicht: Beim „oecus corinthius", sogenannt wegen der umlaufenden kannelierten Säulen, die ihn zu einer Miniaturbasilika unterteilen, sind die Arbeiten unterbrochen. Die geborstenen Säulen liegen noch in einer Art Bandage verschnürt vor dem Bau. Wer weiß, wann sie wieder aufgerichtet werden?

Miesepeterei? Eher nicht. Denn in der nahen „Casa di Nozze d'Argento", die mit ihrem von vier zwölf Meter hohen Säulen geschmückten Atrium die Residenz eines Kleinkönigs hätte sein können, ereignet sich das Gleiche: Vor vier Jahren wurde dort ein ebenso kostbarer Raum wegen Einsturzgefahr abgesperrt, dann stürzte seine Runddecke ein. Momentan restauriert man seine achteckigen zierlichen Säulen und rekonstruiert ein Teilstück des Gewölbes. Wie lange die Arbeiten sich hinziehen werden, ist unbekannt.

Ohne Einsturz davongekommen ist bislang die berühmte „Villa dei Misteri" vor der „Porta Ercolano", einst mit herrlichem Meerblick, heute mit Aussicht auf einen Souvenirladen und ein Motel, dessen Swimmingpool Gipssäulen rahmen. Häme wäre voreilig. Denn was den heutigen Gastronomen der Gips, war den antiken Gastwirten Pompejis der Stuck. Mit ihm machten sie aus strammen Ziegelzylindern Säulen wie auf dem kaiserlichen Palatin, imitierten Grotten des nahen Luxusbadeortes Baiae, täuschten Marmorgemächer vor, so erlesen wie die königlichen Salons in Alexandria.

Wenige Schritte von der „Villa dei Misteri“ entfernt wartet eine Taverne auf müde Besucher. Rings um ein winziges ehemaliges Bauernhaus sind Terrassen in den Hügel eingetieft, dessen reizvolle Hänge schon die Architekten der „Villa dei Misteri“ nutzten. Und wie damals die Gäste in den vielen Schenken der Vorstädte Pompejis sitzt man heute in der Taverne unter Weinlaub und an hölzernen Ziergittern, die Luft und Licht filtern.

Der Blick fällt auf die antike Villa, deren Atrium wegen (noch nicht begonnener) Sanierung seit längerem gesperrt ist. Weiterhin zugänglich ist der legendäre „Mysteriensaal“ mit seinem fast lebensgroßen Figurenzyklus, der den Archäologen noch immer Rätsel aufgibt. Neben einem heute in Neapel und New York befindlichen Zyklus aus einer Villa im nahen Boscoreale sind diese Wandgemälde die umfangreichsten und besten, die aus der Antike erhalten sind. Der Preis, sie an Ort und Stelle belassen zu haben, ist hoch: Jeder zweite Besucher ignoriert das Blitzlichtverbot und fotografiert drauflos, die hölzernen Jalousien, die die Fresken vor schädigendem Sonnenlicht schützen sollen, sind morsch wie Zunder, Flecken knapp oberhalb vom Zyklus zeigen, dass die Wände feucht sind.

Eine Hochzeitsgesellschaft mischt sich unter die Besucher. Die Braut nimmt den üppigen Schleier und lehnt unter allgemeinem Beifall lächelnd die Wange an das samtig schimmernde „Pompejanisch-Rot“ der Gemälde, um sich fotografieren zu lassen. Die antiken Fresken werden als dionysisch grundierte Vorschau einer Verlobten auf ihr Leben als Ehefrau gedeutet. Ob die Braut und ihre Gesellschaft das wissen, ist fraglich, aber auch egal angesichts dieser frappanten Koinzidenz. Empörung über die Achtlosigkeit, mit der hier antike Malereien behandelt werden, wird kurz verdrängt; man bestaunt sprachlos den Zufall, der Gefühle und Hoffnungen über 2000 Jahre hinweg einander zulächeln lässt.

Tun sie es? Was wissen wir schon darüber, wie eine junge künftige Ehefrau der römischen Kaiserzeit dachte und fühlte? Trotzdem, nirgendwo ist der Eindruck von Kontinuität und zeitloser menschlicher Nähe so zwingend wie in der Zeitkapsel Pompeji: Dazu muss man das Areal gar nicht in den Freizeitpark verwandeln, der Berlusconi vorschwebte, als er Mitte der 1990er Jahre Archäologen in antiken Kostümen durch die Ausgrabungsstätten laufen lassen wollte. Nach dem Verlassen der Taverne taucht wenige Schritte unterhalb die „Villa di Diomede" auf, wo man 1781 den Abdruck jenes jungen Mädchens gefunden hat, der so viele Dichter beflügelte. Er ist verschollen, es gibt nicht einmal eine Fotografie von ihm. Aber wir haben Théophile Gautiers bewegende Schilderung. Sein Octavien sieht „ein Stück versteinerter schwarzer Asche mit einer Hohlform, die man für das Bruchstück der Gießform einer Statue hätte halten können, die beim Guss zerborsten war; das geübte Auge eines Künstlers hätte auf Anhieb einen Teil einer hinreißenden Frauenbrust und einer Lende im reinsten griechischen Standbild-Stil ausgemacht". Man muss auch nicht, wie Gautiers Held, einer Obsession verfallen, um abends, wenn im heutigen Pompeji der *Corso* abläuft, unter den Passanten jene Arria Marcella, Bulwers Julia oder andere Gesichter wiederzuerkennen, die uns aus den antiken Fresken und Portraits Pompejis anschauen. Vom Meer, das schäbige Industriebauten von der Stadt abtrennen, weht ein lauer Wind. Sein leicht fischig-fauliger Geruch mischt sich mit dem Vanillearoma süßen Ölgebäcks und brutzelnder Hühnchen, die vor den vielen Osterien zubereitet werden. Die stinkenden Müllberge, die Neapel und die Ortschaften des Golfs ersticken, fehlen. Pompeji entsorgt seine Abfälle, vielleicht, weil die Camorra nicht eine der wichtigsten Einnahmequellen der Region gefährden möchte.

Blicke treffen uns Touristen im abendlichen Gewühl: Ladenbesitzer, Souvenirhändler und Gastronomen prüfen unsere Kaufkraft, manchmal tun das auch die verschleierten Augen stark geschminkter Frauen, die gewöhnlich ihre Freier rund um den Marinehafen im nahen Castellammare di Stabia suchen: Pompeji kennt kein Lupanar mehr. Die Luft ist feucht, das Geheule vorbeirasender Autos, Mofas und Vespas mischt sich mit dem eines kleinen Rummelplatzes, der jeden Abend öffnet. Aus der Wallfahrtskirche schallen Messgesänge, mit Lautsprechern auf die Piazza übertragen, über die dichtgedrängten Köpfe der Passanten gellen Rufe, mit denen Jugendliche sich ihre ewig gleichen Neuigkeiten zuschreien. Es ist das pure Leben – wie vor 2000 Jahren.

Andreas Schlüter
Pompeji als katholischer Wallfahrtsort

Im Zug der Circumvesuviana, einer die Vesuvgemeinden verbindenden Vorortbahn, sitzt sich auf Fensterplätzen ein junges Pärchen gegenüber. Sie ist vielleicht 17 und trägt zu hautenger Kleidung ein dickes Makeup auf ihrem Kindergesicht. Er ist ein wenig älter und eher fett als nur pummelig. An seinen Füßen glänzen goldene Nike-Sportschuhe und an seinem Handgelenk eine Rolex-Imitation. „Sei un idiota!", sagt das Mädchen schmollend. Dann schlägt sie ihm unvermittelt ins Gesicht. Der Schlag ist etwas zu heftig, um nur ein liebevoller Klaps sein zu können. Der Junge hält ihre Hände fest, es gibt ein kleines Gerangel, sie kreischt, er greift fest in ihre Haare, zieht ihr Gesicht zu sich heran; dann küssen sich die beiden innig und geräuschvoll. So geht das gut 30 Minuten lang. Ein Schlag, ein Knuff, eine Beleidigung, ein Kuss und als Bühnenbild dazu rauscht jenseits der schmutzigen Fensterscheiben die Peripherie Neapels vorbei. Das sind vor allem die immer gleichen, von Graffitis beschmierten Mietshäuser mit ihren Antennenwäldern auf den Dächern. Dazwischen schmutziges Grün, Schrottplätze, Fabrikhallen mit eingestürzten Mauern, ockergelbe Kirchen, Autowracks, plötzlich ein Stückchen Feld mit halb verfallenem Bauernhaus, wieder Mietskasernen in betongrau und natürlich der Vesuv im Hintergrund. Regelmäßig klingelt das Handy und das Mädchen antwortet dann gelangweilt einem wohl immer gleichen Anrufer, durch welchen Ort der Zug gerade fährt. Es ist eine deprimierende Aufzählung; hoffnungsloser können Namen nicht klingen: „Siamo a Torre Annunziata, ciao", „Portici, ciao", „San Giorgio, ciao", „Adesso Barra, si, a presto, ciao". In San Giovanni a Teduccio verlassen die beiden den Zug. Wohin gehen sie wohl an diesem öden Sonntagnachmittag? Und – man mag es sich fragen angesichts des verwahrlosten Bahnhofs und den dahinterliegenden, nicht weniger trist aussehenden Trabantensiedlungen – was für eine Zukunft haben sie?

Nur ein paar Bahnstationen entfernt und wenige Stunden zuvor war am selben Tag viel von Hoffnung, Liebe und Brüderlichkeit die Rede gewesen. Der Besuch des Papstes hatte das kleine Pompeji in religiöse Verzückung versetzt. Um Punkt 9 Uhr 59 war der Heilige Vater mit dem Hubschrauber hinter dem Santuario der Rosenkranzmadonna gelandet, erwartet von knapp 15 000 Gläubigen, die sich auf der zentralen Piazza Bartolo Longo und den sie umgebenden Straßen drängten. Der Papst umrundete den Platz im Papamobil, winkte, lächelte, er zelebrierte die Messe, streichelte Kinderköpfe, sprach von der Madonna, von der Bedeutung Pompejis als Wallfahrtsort, von der spirituellen Kraft des Rosenkranzgebets, immer wieder von Liebe und immer wieder auch von Johannes Paul II. Dann aß er mit den Bischöfen Kampaniens zu Mittag, ruhte etwas und betete am späten Nachmittag in der Kapelle des seligen Bartolo Longo.

„Wo Gott ist, blüht die Wüste", war die wesentliche päpstliche Botschaft dieses Tages, denn, so sagte Benedikt XVI. in seiner Ansprache: „Hier in Pompeji erfährt und begreift man, dass die Liebe zu Gott und die Liebe zum Nächsten untrennbar sind." Pompeji als Wallfahrtsort? Und wer überhaupt ist Bartolo Longo? Die süditalienische Kleinstadt mit ihren knapp 30 000 Einwohnern ist weltweit bekannt als archäologische Ausgrabungsstätte und Synonym für eine durch eine Naturkatastrophe vermeintlich authentisch konservierte Antike. Das Trümmerfeld der römischen Stadt ist für die meisten seiner Besucher eine magische Zeitkapsel, in der – über 2000 Jahre hinweg – menschliches Leben so beunruhigend fremd und vertraut zugleich betrachtet werden kann. Von den weit über zwei Millionen jährlichen Besuchern, die erfüllt von einem Memento-mori-Staunen durch die antiken Straßen laufen, wissen die Wenigsten, dass jenseits des archäologischen Geländes ein zweites Pompeji existiert. Und ebenso wie die wundersame Wiederentdeckung der antiken Stadt unter der Asche des Vesuvs ist auch dieses andere Pompeji ein Ort ganz und gar unglaublicher Geschehnisse.

Als vor etwa 260 Jahren auf dem seit jeher „Cività" genannten Hügel erstmals systematische Ausgrabungen stattfanden und die antike Stadt zur Verblüffung der Welt ans Tageslicht kam, gab es im Gebiet des heutigen Pompejis nichts als ein paar Bauernhäuser. Und noch im 19. Jahrhundert – die römische Stadtruine war zu einer der touristischen Attraktionen ganz Europas geworden – gehörte das sogenannte „Valle di Pompei" zu den ärmlichsten Gegenden in Kampanien mit gerade mal 300 Bewohnern. Zwar gab es schon eine Vorgängerbahn der heutigen Circumvesuviana und rund um das archäologische Gelände eine bescheidene Infrastruktur an Hotels und Restaurants für den Fremdenverkehr, doch lag die antike Stadt im Grün einer nahezu unberührten Landschaft. Was dann in den 70er Jahren des 19. Jahrhunderts geschah, und das in einer noch heute fast atemlos machenden Abfolge von Geschehnissen, war und ist so wahrscheinlich nur im Süden Italiens möglich. Die Akteure dieser Unternehmung mit dem denkbaren Titel „Wir gründen ein Weltheiligtum" sind eine Contessa mit Grundbesitz im Valle di Pompei sowie ihr aus dem apulischen Latiano stammender, in Neapel praktizierender Anwalt und Vermögensberater Bartolo Longo. Im Auftrag von Marianna Farnararo De Fusco, einer verwitweten

Mutter von fünf Kindern, fuhr Avvocato Longo, seine Biografie berichtet von einer schwierigen, dem Spiritismus und mystischen Aberglauben zugewandten Lebensphase, im Oktober 1872 erstmals nach Pompeji, um hier für seine Auftraggeberin juristische Fragen zu klären. Das heutige Pompeji, dieser krachbunte Rummel aus Souvenirkitsch, einer durch 200-jährige administrative Vernachlässigung zur Ruine einer Ruine gewordenen antiken Stadt und dem nach Weihrauch und Desinfektionsmitteln riechenden Marienheiligtum, gab es damals selbstverständlich nicht. Bartolo Longo entstieg dem Zug und sah das, was auch heutige Pompeji-Besucher – kommen sie denn mit der Circumvesuviana – zuerst sehen. Pinien, Andenkenbuden, mit Orangen und Zitronen geschmückte Erfrischungsstände und im Grün aufragendes antikes Ziegelmauerwerk.

Aber Bartolo Longo sah und hörte mehr; er hatte eine Vision. Wo heute Pompejis graue Peripherie in die Landschaft hineinwächst, steht ein mit Blumentöpfen geschmückter Gedenkstein. Eben hier hat Bartolo Longo zum ersten Mal die Stimme der Gottesmutter vernommen: „Wenn du gerettet werden willst, so tue etwas für die Verbreitung des Rosenkranzes." Heiligtümer fallen nicht vom Himmel, sie brauchen ein Medium. Ob in Lourdes, Pompeji oder Fatima; an eben diesen Orten erschien die Jungfrau in den Jahren zwischen 1858 und 1917 in überraschender Regelmäßigkeit. Ihre Ansprechpartner waren meist verschreckte Hirtenkinder, im Anwalt Bartolo Longo hingegen fand die Muttergottes einen überaus ambitionierten irdischen Adjutanten. Es begann mit der Verteilung von Rosenkränzen an die Bauern der Umgebung und das Sammeln von Spenden für eine neue Pfarrkirche. Aber die Madonna erwartete mehr: „Maria gab durch fortgesetzte Wunder zu erkennen, dass sie an dieser Stelle keine neue Pfarrkirche, sondern ein Weltheiligtum wollte." In Neapel gesundete plötzlich ein schwerkrankes Kind, dessen Familie sich in ihrer Not an die Rosenkranzmadonna von Pompeji gewandt und versprochen hatte, für den Bau der neuen Kirche zu spenden. Es geschah das, was sich wenige Jahrzehnte später im apulischen San Giovanni Rotondo wiederholen sollte. In San Giovanni waren es die Stigmata eines Kapuzinermönchs, der als Padre Pio stürmisch verehrt wurde und heute als der Heilige Italiens verstanden werden kann. In Pompeji wiederum war es das Erscheinen der Muttergottes und das unermüdliche Wirken Bartolo Longos und der Contessa De Fusco.

Als eigentliches Gründungsdatum des neuen Pompejis gilt der 13. November 1875 mit der abendlichen Ankunft des Madonnenbildes auf dem Pferdewagen des Kutschers Angelo Tortora. Allein die Geschichte dieses Gemäldes, das heute nicht nur während pompejanischer Papstbesuche im Zentrum des Geschehens steht, grenzt ans Unglaubliche. Kein Weltheiligtum ohne Reliquie oder Gnadenbild, muss sich Bartolo Longo gedacht haben und machte sich auf den Weg nach Neapel. Gemeinsam mit einem alten Freund und Vertrauten in religiösen Fragen, Padre Alberto Redente, stöberte Longo in den Trödelläden am Largo dello Spirito Santo. Die Beiden stießen auch auf ein in Frage kommendes Bild, doch schien ihnen der Preis von 400 Lire zu hoch. Da hatte Padre Redente glücklicherweise einen Einfall: „Ich habe vor einigen Jahren der Ordensschwester Maria Concetta im Rosenkranzkloster bei der Porta Medina ein altes Rosenkranzbild geschenkt, das ich bei einem Trödler für drei Lire und 40 centesimi gekauft habe. Gehe hin und sieh es dir an; wenn es dir gefällt und du es trotz seines abgenutzten Zustandes für passend findest, so bitte sie darum. Für das Landvolk von Pompeji wird es schon genügen." Was nun folgt, im mysteriösen Dunkel wundersamer Ereignisse, ist bei aller religiösen Spiritualität und Ernsthaftigkeit der Handelnden nicht ohne Komik. Das Bild ist natürlich ein alter Schinken, doch auf Zureden der Ordensfrau nimmt Bartolo Longo es mit nach Pompeji. Wegen seiner Größe kann das zukünftige Gnadenbild nicht wie geplant als Reisegepäck aufgegeben werden und macht die Fahrt auf einem Pferdewagen. In Pompeji angekommen wird das Gemälde wegen seines erbärmlichen Zustands erst einmal hinter dem Altar der alten Pfarrkirche versteckt. Für das nun folgende gibt es mehrere Erklärungen. Entweder wurde das Bild mit Hilfe himmlischer Kräfte „verklärt“, also neu gemalt, wie es der in diesen Jahren amtierende Papst Leo XIII. in einem Brief an Longo zart andeutet: „Gott hat sich dieses heiligen Bildes, das in der Wallfahrtskirche zu Pompeji verehrt wird, bedient, um Hunderttausende von Gläubigen zu der überaus heilsamen Übung des heiligen Rosenkranzes zurückzuführen“, oder aber es wurde schlicht restauriert. Zumindest waren an der „Verklärung“ der Rosenkranzmadonna auch irdische Hilfskräfte mit am Werk. Zuerst der pompejanische Vedutenmaler Guglielmo Galella und dann 1881 ein Maler aus Neapel, Federico Maldarelli. Diese letzte Restaurierung war praktisch eine Neuschöpfung und Übermalung des Bildes und wurde komplettiert durch eine reiche Schenkung der Contessa De Fusco. Ihre Familienjuwelen schmücken seitdem die Leinwand und die Sandalen der Madonna sind aus Gold. 15 ebenfalls goldene Lampen erinnern an die 15 Verheißungen der Rosenkranzmadonna und beleuchten das Gnadenbild Tag und Nacht.

Mit der Ankunft des Gnadenbildes in Pompeji begann eine Bautätigkeit ohnegleichen. 1876 wurde der Grundstein für die Kirche gelegt, die als Santuario Della Beata Vergine Del Rosario di Pompei erst der Beginn war für das Entstehen einer veritablen Stadt. Spenden aus aller Welt ermöglichten die Gründung zahlreicher karikativer Institute, die noch heute in Pompeji existieren. Es entstanden die zentrale Piazza und das Albergo Fonte Salutare, in dessen Garten die Fontäne einer Mineralwasserquelle aus einem gigantischen Brunnenbecken in die Höhe schoss. Pompejis fast kometenhafter Aufstieg zu einem verehrten und viel besuchten Marienheiligtum wäre ohne die wohlwollende Unterstützung des Vatikans nicht möglich gewesen. Papst Leo XIII. haderte mit der Moderne wie auch mit den politischen Realitäten infolge des Risorgimento und der Auflösung des Kirchenstaats nach 1870. Die „Römische Frage" wurde erst 1929 durch die Lateranverträge gelöst. Es ist kein Zufall, dass die wichtigsten Marienheiligtümer der katholischen Kirche, Lourdes, Pompeji und Fatima, in eben jenen Jahrzehnten entstanden, in denen der Vatikan – im jungen italienischen Nationalstaat innenpolitisch isoliert – nach Jahrhunderten weltlicher wie geistlicher Machtfülle auch in der Weltpolitik keine Rolle mehr spielte. Für eine derart geschwächte Kirche waren die von Volksfrömmigkeit erfüllten Orte der Marienverehrung auch Zeichen für die unerschütterliche Macht des Glaubens.

1894 übergab Bartolo Longo das Santuario an den Vatikan, und der sich den Mysterien des Rosenkranzes wie auch der Jungfrau Maria besonders verbunden fühlende Leo XIII. akzeptierte das Geschenk freundlich. Er machte im Gegenzug Longo und die Contessa De Fusco zu administrativen Verwaltern des Heiligtums auf Lebenszeit. Wenn heute ein Papst Pompeji besucht (was bislang dreimal vorgekommen ist), dann geschehen Wunder auch ohne Eingreifen der Madonna. Fast über Nacht werden Straßen neu asphaltiert, in Windeseile restaurierte Fassaden von Baugerüsten befreit, Blumengestecke arrangiert und frischer Rollrasen ausgelegt. Ebenso schnell entstand vor einem der pompejanischen Bahnhöfe ein schneeweißer Marmorbrunnen mit nackter männlicher Bronzefigur, an dem noch ein Tag vor dem Besuch von Benedikt XVI. emsig gearbeitet wurde. Überhaupt ist dieser Tag vor der Papstvisite zwar von Vorfreude beschwingt, es liegt aber doch auch eine fiebernde Nervosität in der Luft, die jeden ansteckt. Da ist Gennaro Peluso, ein pompejanischer Zuckerbäcker, der seine für diesen Anlass kreierte Süßigkeit, „La Papalina“ genannt, zum ersten Mal im Schaufenster auslegt. Da sind die aus Rom angereisten Zigeunerinnen, verwegen aussehende Gestalten mit glitzernden Goldzähnen im Mund. Vom Bahnhof kommend und wie ein artiger Aufmarsch schüchternster Verlegenheit die Via Sacra Richtung Santuario hoch trippelnd, erreichen ganze Heerscharen von Ordensschwestern die Piazza. Blütenfrisch aussehende Gestalten, die mit gesenktem Blick und ungeschickter Grazie ihre Rollkoffer hinter sich herziehen. Auf der Piazza vor der schon aufgebauten Tribüne spazieren gedankenvoll Geistliche in schwarzer Soutane herum. Unter ihnen Don Votino aus Benevent, der regelmäßig zum Beichten nach Pompeji kommt. „Una moneta!“, bittet ihn die aufdringlichste der Zigeunerinnen, „una moneta!“. Sie trägt zu einem langen Jeansrock einen Pullover mit Leopardenmuster. Als Don Votino leise abwinkt, sagt die Frau empört: „Ma tu devi aiutare“, „Du musst helfen.“

Dieses Credo steht am nächsten Tag als Erwartung auch in den Gesichtern vieler Pilger. Nicht unbedingt in denen der geladenen Honoratioren Kampaniens, die zu ihren Plätzen direkt vor der päpstlichen Tribüne geführt werden. Die Damen mit fast gesichtsgroßen Sonnenbrillen und in wärmenden Pelzjäckchen werden von ihren schärpengeschmückten Gatten flankiert. Als der schwerkranke Johannes Paul II. am 7. Oktober 2003 nach Pompeji kam, konnte der damalige Bürgermeister den Heiligen Vater nicht begrüßen, fast die halbe Stadtverwaltung war damals wegen des Verdachts camorristischer Infiltration kurzfristig ihrer Ämter enthoben worden. An diesem Morgen jedoch kann Claudio D’Alessio, derzeitiger Bürgermeister Pompejis, dem Papst die goldenen Schlüssel der Stadt überreichen. Zuvor hatten gutgelaunte Seminaristen aus Neapel die eintreffenden Kirchenprälaten lautstark begrüßt. Besonders herzlich war der Empfang für den neapolitanischen Kardinal Crescenzio Sepe, der sich in ganz Kampanien größter Popularität erfreut. „Cre-scen-zio! Cre-scen-zio!“, skandieren die jungen Männer und stören die den Kardinal mit Mikrofonen und Kameras umlagernden Journalisten. Auf Sepe ist der umtriebige Kulturpolitiker Vittorio Sgarbi zugeschossen, man redet kurz über Roberto Saviano und die aktuelle Morddrohung der Camorra gegen den Schriftsteller. Die Seminaristen albern herum und küssen sich in unbeobachteten Momenten gegenseitig die nicht vorhandenen Kardinalsringe auf ihren Händen. Dann spricht der Papst. Kein einziges Mal erwähnt der Heilige Vater in seiner Ansprache, und jede süditalienische Zeitung wird das am Tag darauf kommentieren, das Grundübel Kampaniens. Die Camorra gibt es nicht an diesem Tag in Pompeji. Die Presseverlautbarung des Vatikans erklärte das mit dem rein spirituellen Charakter des Papstbesuchs und verwies zudem auf den Respekt von Benedikt XVI. gegenüber den Menschen Kampaniens, die „zum allergrößten Teil ehrliche Leute und keine camorristi seien“.

Unvergessen sind in Pompeji die zwei Besuche Johannes Paul II. (das erste Mal kam er 1979, fast genau ein Jahr nach Antritt seines Pontifikats). Und ebenso unweigerlich kommt die Erinnerung an eine Reise desselben Papstes ins sizilianische Agrigento, während der er seiner verdatterten Zuhörerschaft die Leviten las und die Mafia mit vor Wut zitternder Stimme als verbrecherisch anklagte. „Das dürft ihr nicht tun“, rief Johannes Paul II. in sein Mikrofon, „Gottes Urteil wird kommen“. An diesem Tag in Pompeji besteht die Welt aber nur aus Liebe, Brüderlichkeit und Hoffnung. Gelb-weiße Fahnen flattern im Wind, die Sonne sticht, obwohl der Oktoberhimmel etwas verhangen ist und die Wolkendecke nie ganz aufreißen will. „Diese Stadt Marias ist Beispiel dafür, wie Gott die Welt verändern kann“, sagt Benedikt XVI. Ob aber diese Botschaft die traurigen Orte entlang der Circumvesuviana erreichen kann, die schon grausam trostlose Peripherie Neapels, das weltweit berühmt gewordene Camorrastädtchen Casal di Principe, ist als Frage – trotz der Heiligkeit des Augenblicks – in vielen Pilgergesichtern auf der Piazza Bartolo Longo zu lesen. Die Glocken läuten, die Menge klatscht und in der Bar „Santuario“ – die Kellner haben hinter ihrem Tresen einen Panoramablick auf die päpstliche Tribüne – klappern die Espressotassen. Die Seminaristen versuchen ein „Be-ne-detto“ zu skandieren, doch gehen ihre Rufe schnell unter. Es gibt Applaus, Winken, ein nervöser Mann mit rotem Gesicht schreit plötzlich „Peace for the World“, dann zieht sich der Heilige Vater ins Innere des Santuario zurück, wo er irgendwann an diesem Tag der Madonna eine goldene Rose verehren wird. Die Zigeunerinnen zeigen sich von der Ausbeute des Tages enttäuscht: „Wir dachten, hier in Pompeji geben die Leute mehr.“ Die Menge strömt an den für diesen Tag geschlossenen Souvenirbuden vorbei zu den Bahnhöfen. Hatte der todkranke Johannes Paul II. fünf Jahre zuvor die Menschen zu Tränen gerührt, so verlief dieser Papstbesuch in Pompeji seltsam unaufgeregt. „Wir haben ihn ja gar nicht zu sehen bekommen“, beklagt sich eine Frau, die auf einen Blick des Papstes im Papamobil gehofft hatte. „Papa Wojtyla“, wie Johannes Paul II. in Süditalien zärtlich genannt wird, hatte sich trotz seiner Gebrechlichkeit in einem offenen Wagen durch die Straßen Pompejis fahren lassen. Und so datiert das eindrücklichste Bild eines Papstbesuchs im Santuario der Madonna, etwas, was so nur in Pompeji geschehen kann, schon einige Jahre zurück. Der päpstliche Hubschrauber landete damals in der Gladiatorenkaserne inmitten der antiken Stadt, das archäologische Gelände war für einen Tag gesperrt. Nur ein paar Kardinäle und berittene Polizisten begleiteten Johannes Paul II., der in einem Spezialstuhl in den Hubschrauber gehoben wurde bei seiner Abreise. In der Gladiatorenkaserne wirbelte Staub hoch, die erschrockenen Pferde bäumten sich wiehernd auf und dann stieg der Pontifex Maximus aus der antiken Ruine hinauf in den Himmel.

Gundula Werger
Nietzsche und Wagner in Sorrent

Die Bühne, auf der sich die letzte Begegnung Nietzsches und Wagners abspielte, bilden zwei Hotels in Sorrent. Das Grandhotel Vittoria direkt an der Steilküste, in dem Richard und Cosima Wagner vom 5. Oktober bis zum 7. November 1876 residierten; und die Villa Rubinacci, in der Friedrich Nietzsche und seine Begleiter vom 26. Oktober bis Anfang Mai 1877 logierten. „Wagners wohnen fünf Minuten von uns", meldete der Philosoph seiner Übersetzerin Marie Baumgartner Ende Oktober. Der 33 Jahre Jüngere hatte zuerst den Kontakt zu Wagner gesucht. Seit 1869 war er, der seinen Vater früh verloren hatte, ein häufiger Gast in Wagners Haus in Tribschen (bei Luzern) und später in Bayreuth gewesen, ein Freund, der Weihnachten und den Jahreswechsel in der Wagner-Familie verbrachte, in der er als eine Art Sohn aufgenommen worden war. Nietzsche hatte sich als beflissener Exeget der Wagnerschen Musikdramen ausgewiesen. Die Proben für die ersten Festspiele im Sommer 1876 verließ er allerdings fluchtartig. Im Herbst hielten sich Nietzsche und Wagner noch einmal am selben Ort auf; sie sahen sich danach nie wieder.

Die Gegend um Sorrent entsprach auf eine fast klischeehafte Weise dem Sehnsuchtsziel vieler deutscher Italienreisender. Die Hinterlassenschaften der Antike im nahen Pompeji, Olivenhaine und Zitronengärten, ließen zusammen mit einer bäuerlich-archaischen Lebensweise der Bevölkerung an Arkadien denken –

aber immer mit dem potenziell zerstörerischen Vesuv im Hintergrund. Wie ein mehrfach eingeknickter Schlapphut schwebt er über dem dunstigen Gemisch aus Luft und Meer. Aber er erwecke nur den Anschein, hört man überall, dass er schlafe; doch wehe, man wecke ihn vorzeitig auf. Für die nächsten vier bis fünf Jahre rechnen nicht wenige am Golf von Neapel mit einem Ausbruch des Vulkans. Der letzte habe ausgerechnet 1944 stattgefunden, nach der Landung der Alliierten. Bis jetzt habe man nur unzureichende Evakuierungspläne für die zwei Millionen Menschen ausgearbeitet, die unmöglich alle gleichzeitig aus dem engen Küstensaum fliehen könnten. Wohin auch? Der Verkehr in Neapel breche schon bei einem einzigen heftigen Regenguss zusammen.

Die Familie Wagner ruhte sich im beschaulichen Sorrent vom Trubel der Festspiele, aber auch vom Besichtigungs- und Einkaufsprogramm aus, das sie in Venedig und Neapel absolviert hatte und in Rom wieder aufnehmen würde. Cosima unterrichtete ihre Kinder. Spaziergänge, Seebäder, Ausflüge in die Umgebung oder mit dem Boot aufs Meer hinaus bis nach Capri vermerkte sie in ihrem Tagebuch. Am Abend des 13. Oktober wurde Tarantella in der Halle des Vittoria getanzt. Zum Schluss stimmten die Sorrentiner Tänzer die „Wacht am Rhein" an. Ein Kellner hatte das Lied von einem Besuch in Berlin mitgebracht und wegen der zahlreichen Gäste aus dem wilhelminischen Deutschland einstudieren lassen – ein sinnvoller Aufwand, wie ein Blick in die Gästeliste des Hotels zeigt.

Wagners Gedanken kreisten um die Festspiele, um Finanzierungslücken und um die Zukunft des Unternehmens. Außerdem kurierte der 63-Jährige einen Infekt aus. Unter dem 26. Oktober verzeichnete seine Frau einen Stimmungsumschwung: „Abends sind wir wohl etwas müde, doch herrlich gestimmt." „Freund Nietzsche" war in Sorrent eingetroffen, er würde am nächsten Tag zum Besuch erscheinen.

Eine Dame in den Siebzigern, Malwida von Meysenbug, die mit Wagners ebenfalls befreundet war, hatte den unter Migräneattacken leidenden Nietzsche eingeladen, den Winter mit ihr in Italien zu verbringen. Von seinen Lehrverpflichtungen an der Universität Basel war der junge Professor der Altphilologie mit der fragilen Gesundheit für ein Jahr freigestellt worden. Mit dabei auf dieser Winterreise waren Nietzsches Freund, der Arzt Paul Rée, und sein Schüler Albert Brenner. In der Villa Rubinacci wurden Zimmer für Reisende vermietet, die eine *Grand Tour*, eine mehrmonatige Bildungsreise, unternahmen; bevorzugt aufgesucht wurde sie von Deutschen, „Pension Allemande" nannte sie sich deshalb auch.

Aus der Villa Rubinacci ist das Dreisternehotel Eden geworden. Im Foyer riecht es nach Putzmittel. Stuck und Steinböden wurden herausgeschlagen, neue Marmorplatten verlegt. Der Speisesaal ist ein lichtarmer Raum im Parterre mit einer flach eingezogenen Decke und Polsterstühlen wie in jedem Durchschnittshotel. Genau hier befanden sich die hohen, geräumigen Zimmer, die Nietzsche und seine Begleiter bewohnt hatten. Malwida hatte eine Wohnung im ersten Stock gemietet. Die heutige breite, asphaltierte Zufahrt zum Hotel, Pool und Kinderspielinsel mit Plastikelefant haben den Garten bis auf ein paar Schirmpinien und Blumenkübel zurückgedrängt. Dieser Garten sei einmal ein „wahrer Wald von Oliven- und Orangenbäumen" gewesen (so Malwida in einem Brief an ihre Tochter), „der einen grünen Vordergrund vor dem Gemälde bildet". Das Gemälde bestand aus Neapel vor seinem Hausberg, dem Vesuv, und den Inseln Ischia und Procida.

Im römischen Gelb kommt die ehemalige Villa Rubinacci immer noch erhaben daher. Die schöne Aussicht ist heute nur von den oberen Stockwerken aus zu haben – Häuser auf der anderen Straßenseite verstellen die Sicht. Von Nietzsches Zimmer im Erdgeschoss sah man auch damals nur in den immergrünen Agrumengarten. Aber Nietzsche wollte sowieso nichts „sehen oder hören" in Italien. Er hatte „völlige Ruhe, milde Luft, Spaziergänge, dunkle Zimmer" erwartet (so in seinem Brief an Wagner nach Venedig am 27. September 1876) – und bekommen. Der Tagesablauf war regelmäßig: Frühstück um acht, um ein Uhr Mittagessen, um sieben aß man zu Abend, danach Lektüre. Tagsüber diktierte Nietzsche, wegen seines Augenleidens, seinen Begleitern. Er arbeitete an „Menschliches – Allzumenschliches"; einige der Aphorismen sind auf Wagner gemünzt. Beim jetzigen Besuch finden wir niemanden im Hotel, der von Nietzsches Aufenthalt etwas gehört hätte. Von der früheren Einrichtung des Hotels sei nichts übriggeblieben, hören wir. Das Haus sei 1960 in ein Hotel umgewandelt worden, nachdem es von den 1920er bis zu den 1940er Jahren Sitz der Nationalen Faschistischen Partei gewesen sei. In den letzten Jahren seien alle Räume noch einmal modernisiert worden. Ob man etwas trinken wolle? Eine der Damen werde einen Kaffee bringen.

Den Zugang zum „Grand Hotel Excelsior Vittoria" verwehren Wärter jedem Passanten, der meint, auf der Hotelterrasse mit ihrem spektakulären Vesuvblick einen Kaffee trinken zu können. Die gusseisernen Stühle imitieren Astwerk und sind wie die Laternen aus dem 19. Jahrhundert überkommen. Ein filigraner Aufzug, den Wagners schon benutzt haben könnten, ermöglicht den bequemen Zugang zum Hafen, wo Ausflugsschiffe nach Capri und Neapel ankern. Auch der Park ist den Hotelgästen vorbehalten. Orangen- und Zitronenbäume sind in einem eigenen Garten angelegt, wie er für die Gegend am Golf von Neapel typisch ist. Für Farbe und Duft zuständig sind außerdem Mimosen, Rosen und Bougainvilleen, Glyzinien beschatten Steinbänke, deren Sitzflächen mit Sternenmosaiken verziert sind. Säulenfragmente aus der Sommervilla des Kaisers Augustus, die an dieser exponierten Stelle Sorrents angelegt war, reihen sich im Park. Der Pool soll sich über der kaiserlichen Thermenanlage befinden, die bereits in den 1920er Jahren von einem Tennisplatz überbaut wurde. Diese Art-déco-Anlage aus der Zeit des großen Gatsby sei dann leider für den Pool abgetragen worden, bedauert die junge Frau, die für die Öffentlichkeitsarbeit des Hotels zuständig ist. Nicht nur Wagner habe im Hotel gewohnt, sondern auch Caruso, der immer wieder für einige Monate seine Suite bezogen habe. Joseph Goebbels sei ebenfalls Gast im Vittoria gewesen, eine „traurige Berühmtheit", sagt sie. Und gegen Ende des Krieges sei das Hotel ein Camp der amerikanischen Armee gewesen. In einer Liste der prominentesten Hotelgäste finden sich etliche Könige und Prinzen aus dem Europa der Vorkriegszeit. Unter der deutschen Prominenz ragen zum Beispiel Wagners Mäzen, der Bayernkönig Ludwig II., sowie Otto von Bismarck heraus. Auch der Historiker Theodor Mommsen, der Komponist Richard Strauss und der preußische General Helmuth Graf Moltke hielten sich im Hotel auf. Eine 50 Meter tiefe Schlucht trennt das Hotel Vittoria von der Altstadt, deren zwei Hauptschlagadern noch aus griechisch-römischer Zeit stammen. Abends nach acht werden die Autos aus diesen Straßen verbannt, der Corso gehört dann den Flaneuren. Limoncello-Hersteller bieten ihren Likör in Plastikbechern zum Probieren an. Sandalen kann man sich nach Maß anfertigen lassen. Eine Frau offeriert einen Stoffbeutel mit der Bemerkung, dass ihr Vater den in Neapel genäht habe. Die Frau ist ungefähr 60. Man stellt sich den alten Mann in einem *basso* vor, einer Souterrainwohnung in Neapels Altstadt, wo das Kleingewerbe unter der Aufsicht der Camorra blüht, und kauft den grüngrundigen Beutel.

Noch immer befindet sich das Hotel Vittoria im Besitz derselben Florentiner Familie, die es im 19. Jahrhundert erbauen ließ. Das Fünfsternehotel gehört zu den „Leading Small Hotels of the World". Im ältesten, 1834 errichteten Gebäude hatten die Wagners gewohnt, im dritten Stock. Im Treppenhaus steht die

Namensgeberin des Hotels, Victoria, die ihren Körper siegessicher reckt. Ein anmutiger Loggienbau wurde 1882 errichtet; 1905 kam ein Schweizer Chalet namens „Favorita“ als mittleres Gebäude hinzu. Aufs sorgfältigste wurden alle Saloni und Saletti, Speisesaal, Musik- und Lesezimmer, wurden die Suiten restauriert und die Originalmöbel darin belassen.

Ein harmonisches Nebeneinander aller Stilrichtungen des 19. und beginnenden 20. Jahrhunderts kann man in den Gesellschaftsräumen besichtigen. Der neobarocke Speisesaal besitzt manieristisch ausgemalte kleine Kuppeln und schwelgt in Marmor und vergoldetem Stuck. Der Wintergarten ist ganz Belle-Époque. Ein Holzgatter überspannt die Wände und vermittelt die Illusion, rankenden Pflanzen Halt zu geben. Selbst die Heizkörper sind mit Füllhörnern und Liebesgöttern übersät. Die schlichten Sisalsessel knüpfen an die beginnende Moderne an. Das Lesezimmer im Liberty-Stil verströmt das Aroma eines englischen Herrenclubs, an der Decke tummeln sich freizügige Figuren aus dem antiken Sagenschatz. Die Damen könnten derweil in die barocke Kirche der „Madonna del Carmine“ eingetaucht sein, die an der Piazza Tasso auf Kerzenspenderinnen wartet. Cosima Wagner gefiel das „hässliche Gebimmel“ der Kirche im Vergleich zu „unseren deutschen Glocken“ weniger. Ob Nietzsche dabei war, als Malwida und Familie Wagner auf Eseln hinauf zum „Deserto“, dem aufgehobenen Benediktinerkloster von Santa Agata, geritten sind? Das Dorf liegt auf einem 400 Meter hohen Hügel im Hinterland von Sorrent. Die Eselspfade gibt es heute noch; sie sind kürzer als die kurvenreiche Straße und führen durch Agrumengärten. Während der zwölf Tage, in denen sich Nietzsches und Wagners Aufenthalt überschnitten, vermerkte Cosima nur zwei Besuche Nietzsches im Hotel Vittoria, ohne Kommentar. Ob er bei den fast täglichen Besuchen zwischen Malwida und Wagners dabei war oder nicht, muss offen bleiben. Unter dem 1. November ist eine Aufwartung Dr. Rées festgehalten, dem Cosima ein „kaltes pointiertes Wesen“ unterstellte – als „Israelit“. Am folgenden Abend (2. November) kam es zum letzten Zusammentreffen Nietzsches und Wagners im Vittoria. Man kann nur darüber spekulieren, ob die Anwesenheit des jüdischen Arztes und mithin Wagners Judenfeindschaft der Grund war, weshalb der Komponist den privaten Umgang mit dem jüngeren Freund in Sorrent abbrach. Nietzsche hat lediglich auf die räumliche Nähe des Älteren und deren Ambivalenz hingewiesen. Im Brief an die Schwester (Juni 1877) heißt es: „Wagner's Nähe ist nicht für Kranke, das zeigte sich auch in Sorrent.“ Wagners beschlossen ihre Abreise plötzlich (am 6. November); bereits am nächsten Tag reisten sie über Neapel nach Rom weiter. Ob das Wetter ausschlaggebend war oder die Nachbarschaft Nietzsches und Dr. Rées? Belassen wir es bei den äußeren Umständen; „Winter ist da … der Wind bläst kalt.“

Der Grund für den Abbruch ihrer persönlichen Beziehungen bleibt das Geheimnis der beiden. Doch die Bühne ihrer letzten Begegnung kann besichtigt werden. Das Grandhotel Vittoria, das auch heute noch einer zahlungskräftigen Klientel vorbehalten ist, bildete in seiner pompösen Pracht das passende Domizil für Wagner, der einen luxuriösen Lebensstil pflegte. Preiswert und privat war dagegen die Unterkunft Nietzsches, der den Erfolg seiner Schriften nicht mehr bewusst erleben konnte. In der Villa Rubinacci gingen in der ersten Hälfte des 20. Jahrhunderts Faschisten ein und aus. Als Hotel Eden findet sie sich heute in den Katalogen der Pauschalreiseanbieter und ist für jedermann zugänglich. Doch ihre herbe Fassade hat sie über die Zeiten von Faschismus und Massentourismus hinaus bewahrt. Was liegt näher, als die auf Ungleichheit beruhende Freundschaft zwischen Nietzsche und Wagner, von der sich der Jüngere früher oder später emanzipieren musste, im Erscheinungsbild der beiden Hotels gespiegelt zu sehen, die nur fünf Minuten voneinander entfernt liegen.

Andreas Schlüter

Im süditalienischen Paestum

Morgens um sieben Uhr auf der Via Magna Graecia in Paestum einem Pfau zu begegnen ist ein unerwartetes Erlebnis. Der erschrockene Vogel schreit auf und hastet dann, das eben noch schillernde Rad der Federn als plumpe Schleppe hinter sich her ziehend, wie ein Prinz auf der Flucht vor Revolutionstruppen die einsame Straße entlang. Zu dieser frühen Stunde ist das kleine Paestum mit seinen knapp 100 Bewohnern noch menschenleer. Vor den verschlossenen Rollläden der Souvenirgeschäfte dösen ein paar zu Fellknäueln zusammengerollte Hunde, und der Morgenhimmel mit den unentschlossen dahinziehenden Wolken ist so diffus gräulich, dass die Landschaft – wären da nicht die Pinien – eher nord- als südeuropäisch wirkt. Der Pfau rettet sich mit einem Sprung in ein Maisfeld. Aufgeregt zittert das Federkrönchen, es schnattert noch einmal wild aus dem hohen Grün, dann ist es still. Gegenüber dem archäologischen Museum warten in würdevoller Melancholie die berühmten griechischen Tempel auf einen neuen Tag. Und bevor sich der verblüffte Spaziergänger fragen mag, warum ein Pfau frühmorgens auf der Via Magna Graecia spazieren geht, geschieht ein Wunder wie es sich so nur in Paestum ereignen kann. Der Bergkamm der Monti Alburni leuchtet auf, ein Lichtstreifen entzündet die kargen Gebirge, dann flutet das Sonnenlicht als goldene Lawine hinunter in die Sele-Ebene. Die Farbe des Himmels verwandelt sich in ein kräftiges Aquamarinblau, und es dauert nur wenige Augenblicke, bis auch die Steinmassen der dorischen Tempel in allen nur möglichen Ocker- und Goldtönen erstrahlen. So ein Tagwerden in Paestum gleicht mehr einem Schöpfungsakt als einem Sonnenaufgang. Zwar läuten kurz darauf die Glocken der kleinen Chiesa dell'Annunziata zur Morgenmesse, doch ist der Anblick der vom Licht der Sonne zum Leben erweckten Tempel so fantastisch, dass die alten Götter diesen Ort unmöglich verlassen haben können.

„Aus luft'gen Tönen quillt ein Weißnichtwie, indem sie zieh'n wird alles Melodie. Der Säulenschaft, auch die Triglyphe klingt, ich glaube gar, der ganze Tempel singt", dichtete Goethe im zweiten Teil des Faust. Als Goethe während seiner italienischen Reise im März 1787 von Neapel aus den seinerzeit noch beschwerlichen Ausflug nach Paestum unternahm, war die griechisch-römische Ruinenstadt erst wenige Jahrzehnte zuvor „wieder entdeckt" worden. Piranesis Stiche und Winckelmanns Beschreibungen hatten die gut erhaltenen Tempel in ganz Europa bekannt gemacht, und Paestum wurde trotz der Malariagefahr in der damals noch versumpften Sele-Ebene zu einem favorisierten Ziel der Grand-Tour-Reisenden des späten 18. Jahrhunderts. Dabei ist die suggestive Wirkung der Tempel, ihre monumentale Erscheinung inmitten der Einsamkeit der Landschaft bis heute unverändert. „Ich befand mich in einer völlig fremden Welt", notierte Goethe. So geht es den Besuchern bis heute. Neben der architektur- und kulturhistorischen Bedeutung als prachtvollstes Ruinenensemble der *Magna Graecia* ist die allen Zeitläufen entrückt wirkende Schönheit der Tempel überwältigend. Unter dem weiten Himmel Kampaniens von Wind und Wetter skelettiert, im Mittelalter zum Steinbruch degradiert, dominieren diese Tempel eine Landschaft, die einmal eine Stadt war. Zeit als physikalische Dimension scheint in Paestum allgegenwärtig zu sein, und eine

Ahnung von Größe, Verfall und ewiger Einsamkeit lässt inmitten der Ruinen manchmal sogar die quirligste italienische Schulklasse respektvoll verstummen.

Eine solche Schwärmerei über die Schönheit griechischer Architektur ist allerdings auch fragwürdig, denn sie reflektiert zwangsläufig die Ruinenverliebtheit der Neuzeit, die unsere Vorstellung der griechisch-römischen Antike maßgeblich prägt. Kein Bewohner der antiken Stadt, ob Grieche, Lukaner oder Römer, würde im Trümmerfeld des heutigen Paestums seine Stadt wiedererkennen können und angesichts der so malerisch zerstörten Tempel wahrscheinlich zu einem schnellen Abriss und anschließenden Neubau raten.

Griechen aus dem an der Küste des heutigen Kalabriens gelegenen Sybaris gründeten gegen Ende des siebten Jahrhunderts vor Christus die Kolonie Poseidonia. Die Sybariten selbst kamen aus Achaia in der nördlichen Peleponnes. Unter den Kolonien der *Magna Graecia* wurde Sybaris schnell zu einer der reichsten *Polis* Unteritaliens, und auch die Pflanzkolonie Poseidonia entwickelte sich aufgrund ihrer günstigen Lage und den regen Handelsbeziehungen mit den benachbarten Etruskern zu einem florierenden Wirtschaftszentrum. Der Stolz einer jeden *Polis*, des aus Griechenland importierten Modells des autonomen Stadtstaats, waren ihre Sakralbauten. Einerseits dienten sie als Sinn und Identität stiftendes Symbol des Gemeinlebens unter dem Schutz der olympischen Götter, andererseits demonstrierten sie den wirtschaftlichen und politischen Erfolg der Kolonie. In Poseidonia entstanden in nur knapp 100 Jahren, von Mitte des sechsten Jahrhunderts vor Christus an drei Tempel von einer Größe und Pracht, wie sie selbst im Mutterland – von Athen abgesehen – so nicht zu finden gewesen sind. Berühmt geworden ist Goethes anfängliche Kritik an den „eng gedrängten Säulenmassen“, die ihm, so sein erster und bald revidierter Eindruck, „lästig, ja furchtbar“ erschienen. Die Reisenden des 18. Jahrhunderts mit ihren an klassizistischer Eleganz geschulten Augen waren nicht vorbereitet auf die Wucht der dorischen Tempel Paestums, und es irritierte sie ihre Schwerfälligkeit. Hier streckten sich keine schlanken, kapitellverzierten Säulen dem Himmel entgegen, vielmehr verdicken sich die Säulen der sogenannten Basilika und des Poseidontempels in ihrer Mitte, als würden sie unter dem Gewicht von Architrav, Fries und Dach nachgeben. Dieser Entasis genannte architektonische Effekt ist im Falle von Paestums ältestem Tempel, der um 550 vor Christus entstandenen Basilika, besonders ausgeprägt. Die knapp sechseinhalb Meter hohen Säulen haben einen unteren Durchmesser von knapp anderthalb, der sich nach oben auf einen Meter verjüngt. Auch das dorische Kapitell ist streng, massiv und erinnert an ein gequetschtes Kissen. Was auf den ersten Blick erdrückend wirkt, erweist sich schnell als genialer Einfall der griechischen Baumeister. Dank der Entasis verlieren die Tempel an starrer Monumentalität und wirken fast organisch. Der emphatische Goethe glaubte sie singen zu hören. Ein Atmen, vor allem wenn der Wind durch die offenen Säulenreihen weht, ist vielleicht wirklich zu vernehmen.

Nachdem Sybaris 510 vor Christus in kriegerischen Auseinandersetzungen mit der Nachbarstadt Kroton zerstört worden war, flüchteten – so ist zumindest zu vermuten – die überlebenden Sybariten nach Poseidonia, und die Stadt erlebte eine wirtschaftliche und kulturelle Blütezeit. Es entstanden um 520 vor Christus der sogenannte Ceres-Tempel und etwa 60 Jahre später Paestums monumentalster Bau, der heute viel bewunderte Poseidon-Tempel. Diese Namensgebungen sind Erfindungen des 18. Jahrhunderts. Basilika wie auch Poseidon-Tempel waren der Hera geweiht, der Ceres-Tempel womöglich der Göttin Athene. Das süße Luxusleben, für das die Sybariten, die „Sklaven ihres Magens“, in der Antike bekannt und berüchtigt waren, wird sich auch in Paestum fortgesetzt haben. Einen lebhaften Eindruck von diesem, den Kulten, Mythen und der Schönheit gewidmeten Leben vermitteln die einzigen aus spätarchaischer Zeit erhalten gebliebenen griechischen Malereien. Die „Tomba del Tuffatore“, das 1968 in einer der Nekropolen gefundene „Grab des Tauchers“, ist eine der großen Attraktionen des archäologischen Museums. Entstanden um 490/480 v. Chr. zeigen die auf Tuffplatten gemalten Szenen ein griechisches Symposion, wie es in der antiken Literatur unzählige Male beschrieben wurde, in der bildenden Kunst hingegen kaum überliefert ist: Auf den aufgestellten *Klinen*, den Ruheliegen der Griechen und Römer, lagern Männer unterschiedlichen Alters. Sie musizieren, flirten oder spielen *Kottabos*, ein Geschicklichkeitsspiel, bei dem der letzte Schluck Wein aus dem Becher zielsicher in eine Metallschale, dem *Kottabeion*, geschleudert werden musste. Ein solches Symposion, schlicht Trinkgelage, war ausschließlich den Männern vorbehalten. Homosexualität war in der griechischen Antike eine zwar streng reglementierte, gesellschaftlich aber doch akzeptierte Variante zwischenmenschlicher Beziehungen, sofern diese romantischen Freundschaften zwischen einem *Erastes* und seinem älteren Liebhaber, dem *Eroumenos*, weniger von sexuellem Verlangen als vielmehr von einem pädagogischem Eros geprägt waren. Platon thematisiert in seiner Schrift „Symposion“ eben diese Liebe ohne körperliches Begehren als die höchste und einzig Männern vorbehaltene Form der Liebe. Die sinnliche Szenerie des Tauchergrabs mag offenlassen, wie platonisch ein solches Symposion tatsächlich verlief. Benannt ist das schlichte Kastengrab nach seiner Deckplatte, auf der ein athletischer Jüngling zwar nicht taucht, aber von einer mit schnellem Pinselstrich gemalten Säule ins Wasser springt. Diese Säule ist möglicherweise die des Herakles und symbolisiert das Ende der damaligen Welt, die in der antiken Vorstellung vom Okeanos umgeben war. In diesen Ozean springt der hübsche Tuffatore und damit in ein Jenseits, das dem Tod jeden Schrecken nimmt und ihn nur als Grenze zweier Welten darstellt.

Diese Welt der Griechen, so ernst und heiter zugleich, so von Mythen durchwoben und dabei den Wissenschaften verpflichtet – oder was immer der Besucher an einem so atmosphärischen Ort wie Paestum in sie hineininterpretieren möchte – erlebte um 400 vor Christus eine Zäsur, als die weit weniger schönheitstrunkenen Lukaner Poseidonia eroberten und in Paiston umbenannten. Dieses raue Bergvolk gehörte wie die Samniten oder Osker zu den italischen Stämmen, die lange vor den Griechen in Süditalien siedelten. Zahlreich sind die in Paestum gefundenen Grabmalereien aus lukanischer Zeit. Doch wird auf ihnen nicht mehr *Kottabos* gespielt oder geschäkert, sondern werden fast ausschließlich die kriegerischen Tugenden der Lukaner heroisiert. Behelmte, federngeschmückte und uniformierte Krieger bevölkern nun auf stolzen Pferden reitend die Gräber, deren Malerei den poetischen Zauber und die perspektivische Raffinesse des Tauchergrabs allerdings nicht mehr erreicht. Die lukanische Periode endete 273 vor Christus mit der römischen Eroberung Kampaniens. Paiston wurde zu der straff durchorganisierten römischen Kolonie Paestum.

Wer heute das archäologische Gelände durchwandert, steht zwar in ständigem Blickkontakt zu den griechischen Tempeln, bewegt sich aber dabei in den Ruinen einer durch und durch römischen Stadt. Nicht nur das zu bewirtschaftende Land wurde an alt gediente Legionäre neu verteilt, auch der innerstädtische Raum erfuhr eine fast komplette Umgestaltung. Die griechische Agora verschwand unter Neubauten, südlich von ihr entstanden ein Amphitheater und ein Gymnasium und gleich daneben das neue römische Forum. In östlicher Ausrichtung, jenseits der Via Sacra – auch dies ein Name aus dem 18. Jahrhundert – wurden die Wohnviertel vergrößert. Paestum verlor zwar seine griechische Identität, die alten Heiligtümer jedoch behandelten die Römer mit Respekt. Im Falle der Tempel wurden, da die Römer die griechische Götterwelt adaptiert hatten, nur die Namen ausgetauscht. Aus Hera wurde Juno und Athene verwandelte sich in Minerva. Aber auch das *Heroon*, ein unterirdisches Heiligtum Poseidonias und womöglich mit dem Untergang der Mutterstadt Sybaris in Verbindung stehend, wurde nicht zerstört. Von einer Mauer umgeben blieb es ein geweihter Ort, eine Art Denkmal der Stadtgeschichte. 1954 wurden im *Heroon* die acht wundervollen, mit Honig gefüllten Bronzegefäße gefunden, die seitdem im archäologischen Museum aufbewahrt werden. Das stets romtreue Paestum erlebte bis ins dritte Jahrhundert hinein eine wirtschaftlich stabile und wahrscheinlich auch beschauliche Periode als Provinzstadt im riesigen Imperium. Berühmt waren die von antiken Schriftstellern bedichteten Rosen der Stadt, die angeblich zweimal im Jahr blühten und deren Öl als Exportartikel für die Herstellung von Kosmetika zum Wohlstand beitrugen. An der nördlichen Seite des Forums liegt zwischen zerborstenen Mauern im blühenden Unkraut noch eine steinerne Ölmühle, so perfekt erhalten, als sei die Produktion erst vor ein paar Jahren eingestellt worden.

Der Untergang Paestums dauerte lang und es gehört zu dem Zauber dieser Ruinenstadt, dass, ganz anders als im plötzlich verschütteten Pompeji, die Jahrtausende hier so beredte Spuren hinterlassen haben. In der Agonie der Spätantike zerfiel die römische Infrastruktur an Straßen und Entwässerungskanälen. Der Salso, ein noch immer südlich der Stadtmauer dahinrauschendes, schilfbestandenes Flüsschen, überschwemmte nun regelmäßig das Stadtgebiet. Die von Griechen und Römern betriebene Entwaldung des bergigen Hinterlands rächte sich mit einer Versumpfung der gesamten Sele-Ebene, an dessen Mündung die Sybariten einst gelandet waren. Zuvor schon hatten neue Handelswege durch das adriatische Meer und Ostia als wichtigster Hafen Roms das wenig bedeutende Paestum zusätzlich isoliert. Irgendwann erreichte auch der neue Gott den halbverlassenen Ort. Eine erste Christengemeinde richtete sich im alten Tempel der Athene ein, um dann am Rande der untergegangenen griechischen Agora mit Steinen der antiken Stadt die Chiesa dell'Annunziata zu errichten. Spätestens im neunten Jahrhundert flüchtete die kleine christliche Gemeinde aus ihrer unwirtlich gewordenen Stadt in die Berge und gründete Capaccio Vecchio. Dann schließt sich über Paestum ein Vorhang und es beginnen 1000 Jahre Einsamkeit.

Die Malariamücke summt, die Dächer der Tempel stürzen ein, Metopen, Friese und Skulpturen versinken in der sumpfig gewordenen Erde und nur noch beutehungrige Sarazenen, die Piratenplage süditalienischer Küsten im Mittelalter, durchstreifen die Ruinen. Wasserbüffel grasen zwischen den Tempeln und Eidechsen sonnen sich auf römischen Mosaiken. Der manchmal erschütternde Anblick der heutigen Tempelruinen beinhaltet all das – eine ganze Ewigkeit an Jahreszeiten und Wolkenformationen, die diese zernagten Gehäuse lang entflohener Gottheiten gesehen haben. Ein einziges Mal in diesen knapp 1000 Jahren wird die grandiose Einsamkeit der Tempel nachweislich gestört. Die Normannen unter Robert Guiscard plündern Ende des elften Jahrhunderts die Reste der Stadt – die zu dieser Zeit noch durchaus eindrucksvoll gewesen sein müssen –, um den Dom ihrer neuen Hauptstadt Salerno mit Marmor auszuschmücken. Ausgerechnet Robert Guiscard, dessen erstes süditalienisches Lehen die Burg Scribla gewesen war, gelegen auf dem einstigen Herrschaftsgebiet der griechischen Kolonie Sybaris, von der aus Poseidonia gegründet wurde. Dann geschieht in Paestum für Jahrhunderte nichts mehr und nur noch die Wasserbüffel grasen zwischen den alten Tempeln der Hera.

Ist die Geschichte Paestums/Poseidonias interessant, gleicht die ihrer Wiederentdeckung einem Roman. Er beginnt mit dem Bau einer Straße. Der Bourbonenkönig Karl III. ließ gleich nach seiner Thronbesteigung im Jahr 1735 sein Königreich umfassend modernisieren. Neapel wurde zu einer glanzvollen Residenzstadt und die *Campania felix* der Antike erlebte nach Jahrhunderten der Agonie eine tatsächlich glückliche Periode der Stabilität und des wirtschaftlichen Aufschwungs. Der Bau der heutigen Strada Statale 18, die Neapel mit dem südlichen Reggio di Calabria verbinden sollte, wurde dabei nicht nur zu einer Großtat der königlichen Ingenieure, die neue Straße führte direkt in die Vergangenheit hinein. Entlang ihres Verlaufs liegen – seltsam genug – mit Pompeji, Herculaneum und Stabia die antiken Städte, deren Entdeckung das 18. Jahrhundert in Euphorie versetzte. Zudem streifte die neue Trasse gleich hinter dem damaligen Dörfchen Battipaglia die Tempel von Paestum. Dieses zwar in einiger Entfernung, doch werden die königlichen Baumeister und Arbeiter perplex gewesen sein, sich in der zum Sumpf gewordenen Landschaft plötzlich monumentalen Resten Großgriechenlands gegenüberstehen zu sehen. Als einer der ersten reiste der Hofarchitekt Ferdinando Sanfelice 1740 nach Paestum und machte seinem Monarchen den legendär gewordenen Vorschlag, die Säulen der Tempel für den geplanten Bau des Schlosses von Capodimonte zu verwenden. Sein „Tutta la quantità di pietre necessaria …“ blieb zum Glück Papier. Mit der Entdeckung der Tempel kehrte aber noch kein Leben nach Paestum zurück. Der neapolitanische Adel kam zu Jagdausflügen vor Tempelkulisse, und auch Goethe machte nur das, was heute in Reiseprospekten „Tagesausflug“ genannt wird. Allerdings konnte der von ihm engagierte Kutscher die Pferde schon in einer Poststation wechseln. Das fast direkt neben der Basilika liegende Gebäude wurde als

„Albergo Nettuno“ 1929 das erste Hotel Paestums. Giovanni Battista Piranesi kam 1777, ein Jahr vor seinem Tod, und zeichnete die Tempel als Vorlage für eine später von seinem Sohn Francesco gedruckte Serie von Stichen. Wie sehr Piranesi, der wie kein anderer das Sujet der antiken Ruine als romantische Metapher der Vergänglichkeit in der Kunstgeschichte etabliert hat, von Paestum beeindruckt war, zeigt sein Grabmal in der römischen Kirche Santa Maria del Priorato. Der Künstler hält in seiner Hand einen Plan des Poseidontempels.

Wenige Jahrzehnte nach dem folgenschweren Bau der Straße nach Kalabrien war Paestum in ganz Europa berühmt. Während Pompeji wegen seiner puppenstubenhaft wirkenden Häuser, der sinnlich rot lackierten Wände und den keine Fragen offen lassenden erotischen Fresken nicht wenige Besucher irritierte, wurde Paestum zum Weiheort der griechischen Antike in Italien. Nur hier, in der splendiden Einsamkeit einer archaischen Landschaft, ließ sich so schön vom alten Griechenland träumen. Dass Paestums Tempel ehemals grell bunt bemalt waren und vor allem direkt im Zentrum einer lärmenden und stinkenden Handelsstadt lagen, war dabei eine eher unangenehme Erkenntnis. Etwas ruppig wurden die Tempel aus ihrem 1000-jährigen Schlaf aufgeweckt. Nach Sanfelices Vorschlag der Demontage war es in den Jahren 1827/29 der Architekt Raffaele Petrilli, der, wohl im Auftrag eines ansässigen Großgrundbesitzers, die heutige Via Magna Graecia quer durch das Areal der antiken Stadt planierte. Dabei gingen große Teile der erhalten gebliebenen Bausubstanz, so fast die Hälfte des römischen Amphitheaters, verloren. Petrillis bis heute unerklärlicher Vandalismus blieb allerdings nicht folgenlos. Die neapolitanischen Könige hüteten ihre archäologischen Schätze eifersüchtig und der Architekt musste sich wegen Beschädigung von Kroneigentum vor Gericht verantworten.

Ende des 19. Jahrhunderts kamen die ersten Reisenden mit der Eisenbahn. Schon am Bahnhof von Paestum, fast unmittelbar an der antiken Porta della Sirena gelegen, konnten Anzüge zum Schutz gegen die Malariamücke ausgeliehen werden. Auf alten Fotografien ähneln diese in Schleier eingehüllten Besucher inmitten der Ruinen Außerirdischen. Bis in die 1920er Jahre blieb Paestum nahezu unbewohnt. Nunzio Daniele, der wohl berühmteste Fremdenführer Süditaliens, Autor zahlreicher Bücher, Schauspieler im Film „Pane e tulipani" und als „Paestums Hohepriester" zur Legende geworden, beschreibt in seiner Autobiografie die Geschichte des Orts in den Jahren vor dem Zweiten Weltkrieg. Als seine Eltern mit einem ihren Hausrat tragenden Esel das Bergdorf Trentinara verließen, um in Paestum eine Bäckerei zu eröffnen, wurden sie von ihren Nachbarn wie Todgeweihte verabschiedet. Die Trockenlegung der Sele-Ebene unter Mussolini war ein bis in die Kriegsjahre hinein andauerndes Großprojekt. Sehr langsam gründete sich nördlich der antiken Stadtmauer an der Via Tavernelle ein neues, vom mageren Fremdenverkehr nur recht und schlecht existierendes Dorf. Arbeit gab es vor allem auf den Feldern und in der erst vor ein paar Jahren stillgelegten Tomatenkonservenfabrik Cirio. Die Dorfkinder spielten mit den reichlich in den Äckern auftauchenden griechischen Keramikfragmenten, von deren Bedeutung niemand eine Ahnung hatte, und der einzige Treffpunkt war der heute noch existierende Waschbrunnen gegenüber des Athene-Tempels.

Etwas von dieser dörflichen Verwunschenheit liegt noch heute, trotz der mittlerweile jährlich 500 000 Besucher, über Paestum. 1936 wurden in den Tempeln in Anwesenheit der Prinzessin von Piemont antikisierende Weihespiele aufgeführt, das archäologische Museum wurde projektiert – dann aber erst 1952 eröffnet – und das archäologische Gelände eingezäunt. Seitdem wirken die Tempel hinter den grün gestrichenen Metallgittern manchmal wie gewaltige Skelette urzeitlicher Dinosaurier, die ihre Betrachter würdevoll anschweigen. Im Mai 1943 landeten die Alliierten im Golf von Salerno und an den Stränden Paestums. Die Offiziere und Soldaten der „Operation Avalanche" müssen überwältigt gewesen sein vom plötzlichen Anblick der Tempel. „Wir sahen hinaus ins Offene auf eine Szene von unirdischer Verzauberung. Wenige 100 Yards von uns standen in einer Reihe die drei vollkommenen Tempel von Paestum, rot und glühend und großartig im letzten Sonnenlicht. Es geschah wie eine Erleuchtung, einer der großen Augenblicke des Lebens", schrieb der englische Nachrichtenoffizier Norman Lewis in seinem später veröffentlichten Tagebuch. Diese grandiose Einsamkeit Paestums ist Geschichte. Das 1957 erlassene Bauverbot für den gesamten Küstenstreifen kam zu spät, zwischen Strand und Pinienwäldern stehen heute Hunderte meist illegal errichteter Hotels, Bungalowanlagen und Campingplätze. „Das war aber früher ganz anders, hier war doch nichts, einfach nichts, noch vor fünf oder sechs Jahren, nein wirklich, das ist doch nicht möglich" , lässt Ingeborg Bachmann die Protagonistin ihrer Kurzgeschichte „Simultan" beim Anblick eines zu Hotels und Bars führenden Schilderwalds murmeln. Dennoch kann man auch heute noch magische Momente in Paestum erleben. So auf der Terrasse der Pizzeria Symposium. Der Salso rauscht und in der Ferne schreien die Pfauen im Garten der „American Bar – La Ruota del Pavone". Die ukrainische Kellnerin, ein schüchternes Mädchen mit rundem Gesicht, hat ihren ersten Arbeitstag in Paestum und spricht kein Wort Italienisch. Mit Tellern beladen, kommt sie an den Tisch, als plötzlich die abendliche Scheinwerferbeleuchtung die Basilika und den Poseidon-Tempel aus dem Dunkel aufstrahlen lässt. „Oh", sagt sie mit offenem Mund und dabei die Teller vollkommen vergessend, „oh, oh, oh!"

Quellennachweis

Seite 6
Andreas Schlüter
Neapel – Versuch einer Annäherung. Originalbeitrag

S. 16
Dieter Richter
Grand Tour. Der Golf von Neapel als europäische Reiselandschaft, aus: Ders., Neapel. Biographie einer Stadt, S. 73–75 © Verlag Klaus Wagenbach, Berlin 2005

S. 19
Vergil
Lied vom Helden Aeneas, aus: Ders., Lied vom Helden Aeneas, Berlin 1966

S. 22
Johann Wolfgang von Goethe
Italienische Reise, aus: Ders., Italienische Reise, Leipzig 1910

S. 29
August von Platen
Tagebücher, aus: Ders., Tagebücher, Leipzig 1928

S. 33
Ferdinand Gregorovius
Neapel, aus: Ders., Wanderjahre in Italien. Verlag C. H. Beck, München 1967

S. 40
Andreas Schlüter
Spaziergang durch das antike Neapel. Originalbeitrag

S. 50
Joachim Fest
Im Gegenlicht. Eine italienische Reise, aus: Ders., Im Gegenlicht. Eine italienische Reise. Mit einem Nachwort von Wolfgang Büscher. Copyright © 2004 by Rowohlt Verlag GmbH, Reinbek bei Hamburg

S. 56
Humbert Fink,
Das falsche Gold der Hinterhöfe, aus: Ders., Süditalien – Tränen unter der Sonne. Süddeutscher Verlag, München 1979

S. 60
Moritz Rinke
Das Theaterwunder von Capri, aus: Frankfurter Allgemeine Zeitung vom 27.12.1997. Mit freundlicher Genehmigung des Autors

S. 71
Truman Capote
Ischia, aus: Ders., Die Hunde bellen. Copyright © 2008 by Kein & Aber AG Zürich

S. 80
Gabriella Vitiello
Hauptarbeitgeber Camorra. Mit freundlicher Genehmigung der Autorin

S. 90
Andreas Schlüter
Erweicht eure Herzen!, aus: Frankfurter Allgemeine Zeitung vom 18.9.2003 © Alle Rechte vorbehalten. Frankfurter Allgemeine Zeitung GmbH, Frankfurt. Zur Verfügung gestellt vom Frankfurter Allgemeine Archiv

S. 100
Peter Peter
Totò. Der Fürst des Lächelns, aus: Ders., Golf von Neapel. Literarische Entdeckungen zwischen Neapel, Sorrent, Amalfi und Capri. Mit Beiträgen von Bernd Bierbaum und Katja Ellen Jaeckel, S. 49–56 © Klett-Cotta, Stuttgart 2003

S. 107
Curzio Malaparte
Der Feuerregen, aus: Ders., Die Haut. Aus dem Italienischen von Hellmut Ludwig. Mit einem Nachwort von Thomas Steinfeld und einer Zeittafel von Ralph Jentsch. © Paul Zsolnay Verlag Wien 2006

S. 110
Dieter Richter
Er raucht nicht mehr, aus: Ders., Der Vesuv. Geschichte eines Berges, S. 149–157 © Verlag Klaus Wagenbach, Berlin 2007

S. 119
Friedrich Schiller
Pompeji und Herkulanum, aus: Ders., Sämmtliche Werke. München, Stuttgart, Tübingen 1830

S. 122
Dieter Bartetzko
Inspektion eines Notstandsgebiets, aus: Frankfurter Allgemeine Zeitung vom 19.7.2008 © Alle Rechte vorbehalten. Frankfurter Allgemeine Zeitung GmbH, Frankfurt. Zur Verfügung gestellt vom Frankfurter Allgemeine Archiv

S. 133
Andreas Schlüter
Pompeji als katholischer Wallfahrtsort. Originalbeitrag

S. 143
Gundula Werger
Letzte Begegnung im Angesicht des Vesuvs. Nietzsche und Wagner in Sorrent, aus: Frankfurter Allgemeine Zeitung vom 4.1.2007 © Alle Rechte vorbehalten. Frankfurter Allgemeine Zeitung GmbH, Frankfurt. Zur Verfügung gestellt vom Frankfurter Allgemeine Archiv

S. 150
Andreas Schlüter
Tempel schweigen dich an! Im süditalienischen Paestum, aus: Frankfurter Allgemeine Zeitung vom 17.7.2008 © Alle Rechte vorbehalten. Frankfurter Allgemeine Zeitung GmbH, Frankfurt. Zur Verfügung gestellt vom Frankfurter Allgemeine Archiv

Trotz aller Bemühungen ist es uns nicht gelungen, für einige Texte die Urheberrechtsverwalter zu ermitteln. Wir bitten diese, sich gegebenenfalls mit uns in Verbindung zu setzen.

Autoren

Dieter Bartetzko (geb. 1949) ist Architekturkritiker der *Frankfurter Allgemeinen Zeitung.* Seine intensive Beschäftigung mit Pompeji und Herkulaneum führt seit Jahren zu wesentlichen Publikationen über die versunkenen Vesuvstädte.

Truman Capote (1924–1984), amerikanischer Schriftsteller. Er verbrachte im Frühjahr 1949 einige Monate auf Ischia, wo er in der Pension Di Lustro an seinem postum erschienenen Roman „Summer Crossing" arbeitete.

Joachim Fest (1926–2006), Historiker und Publizist. Der Autor von bekannten Standardwerken zur Geschichte des Dritten Reichs schrieb mit dem Reisebuch „Im Gegenlicht" einen Klassiker der Reiseliteratur über Italien.

Humbert Fink (1933–1992), im süditalienischen Salerno geborener österreichischer Autor und Journalist. Er schrieb Romane, Reisebücher und war Mitbegründer des Ingeborg-Bachmann–Preises.

Johann Wolfgang von Goethe (1749–1832), bedeutender deutscher Dichter der Weimarer Klassik. Seine „Italienische Reise" ist ein Meilenstein der Reiseliteratur und der eigentliche Beginn deutscher Italienrezeption.

Ferdinand Gregorovius (1821–1891), Historiker und Schriftsteller. Er bereiste von Rom aus den Süden Italiens. Neben der Geschichte der Stadt Rom im Mittelalter gehören die „Wanderjahre in Italien" zu den Klassikern deutschsprachiger Italienliteratur.

Curzio Malaparte (1898–1957), Schriftsteller, Publizist und Journalist. Neben seinen literarischen Hauptwerken „Kaputt" und „Die Haut" ist sein capresischer Wohnsitz, die Villa Malaparte, als Inkunabel der Architekturgeschichte sein eigentliches Vermächtnis.

Peter Peter (geb. 1956), Reiseschriftsteller und Autor kulinarischer Führer durch Italien und Deutschland.

August von Platen-Hallermünde (1796–1835), Dichter. Er starb nach unglücklichen Wanderjahren durch Italien im sizilianischen Syrakus.

Dieter Richter (geb. 1938), Philologe, Kulturhistoriker und Autor zahlreicher Bücher über den Golf von Neapel.

Moritz Rinke (geb. 1967), Dramatiker. Besuchte für die *Frankfurter Allgemeine Zeitung* Capri und erlebte dort ein „blaues Theaterwunder".

Friedrich Schiller (1759–1805). Der deutsche Nationaldichter war selbst nie in Italien, dichtete aber mit Emphase über Pompeji.

Andreas Schlüter (geb. 1961) lebt als Übersetzer und Journalist in Neapel. Er schreibt Reisereportagen, Beiträge für archäologische Fachzeitschriften sowie Reiseführer.

Vergil (70–19 v.Chr.), römischer Dichter und mit der „Aeneis", einem Volksepos in zwölf Büchern, Schöpfer des römischen Nationalepos.

Gabriella Vitiello ist freie Journalistin und arbeitet mehrere Monate des Jahres in Neapel. Sie schreibt für den DuMont Reiseverlag und verschiedene Print- und Internetmedien.

Gundula Werger schreibt als Historikerin und Kulturjournalistin für verschiedene deutsche Tageszeitungen und Magazine.

Andalusien

Australien

Berlin

Bretagne

China

Golf von Neapel

Golfstaaten

Grönland

Irland

Island

Mexiko

Norwegen

Paris

Südsee

Impressum

Bibliografische Information der Deutschen Bibliothek
Die Deutsche Bibliothek verzeichnet diese Publikation in der Deutschen Nationalbibliografie; detaillierte bibliografische Daten sind im Internet über http://dnb.ddb.de abrufbar.

ISBN 978-3-8319-0354-2

Textauswahl:
Andreas Schlüter, Neapel
Redaktion: Claudia Schneider, Hamburg
Gestaltung:
Büro Brückner + Partner, Bremen
Gesamtherstellung:
Offizin Andersen Nexö Leipzig GmbH

Das Titelfoto zeigt den Golf von Neapel mit Blick auf den Vesuv. Die Rechte des Bildes liegen bei Celentano/laif.